课堂走向"三学"

胡首双 著

华南理工大学出版社
SOUTH CHINA UNIVERSITY OF TECHNOLOGY PRESS

·广州·

图书在版编目(CIP)数据

课堂走向"三学"/胡首双著． --广州：华南理工大学出版社，2024.12.
ISBN 978 - 7 - 5623 - 7902 - 7

Ⅰ．G633.602

中国国家版本馆 CIP 数据核字第 2024TX9127 号

Ketang Zouxiang "San Xue"

课堂走向"三学"

胡首双　著

出 版 人：房俊东
出版发行：华南理工大学出版社
　　　　　（广州五山华南理工大学 17 号楼，邮编 510640）
　　　　　http：//hg.cb.scut.edu.cn　E-mail：scutc13@scut.edu.cn
　　　　　营销部电话：020 - 87113487　87111048（传真）
责任编辑：宗　艺　刘　锋
责任校对：张晓婷
印 刷 者：广州小明数码印刷有限公司
开　　本：787mm×960mm　1/16　印张：12.75　字数：257 千
版　　次：2024 年 12 月第 1 版　印次：2024 年 12 月第 1 次印刷
定　　价：52.00 元

版权所有　盗版必究　　印装差错　负责调换

自 序

《国务院办公厅关于新时代推进普通高中育人方式改革的指导意见》（国办发〔2019〕29号）提出要深化课堂教学改革，提高课堂教学效率，培养学生的学习能力，以及适应终身发展和社会发展需要的正确价值观念、必备品格和关键能力，积极探索基于情境、问题导向的互动式、启发式、探究式、体验式等课堂教学。然而，新课程改革在落实到具体的学校办学和课堂教学的过程中，依然面临重重问题，导致学生的主体地位在课堂上难以确立，且当前课堂教学现状也未真正适应教育改革和发展的需要。高中教师教数学劳心劳力但事与愿违，高中学生学数学身心疲惫但收效甚微，高中学校抓课改如火如荼但有心无力。

针对教师教得苦、学生学得累、学校很无奈的问题，基于"让教育理论的创新书写在一线教育改革的实践大地上"理念，我组建了研究团队，开展了长时间教学研究和实践，形成了本原教育理论和"三学课堂"教学模式。十几年来，团队且行且思，共进行了四个实践探索与理论研究阶段：

第一阶段：2006年3月至2012年3月，探索研究阶段。在增城中学任教期间，我致力于探索本原教育的理论模型及初步的内涵体系。在有意义学习理论指导下，我进行了多年的"先行组织者"教学策略研究，但是，在进行"先行组织者"教学时，很多学生学不会，部分学生不愿学，导致开展研究时困难重重。后来，有幸在骨干教师培训班上遇见了郭思乐教授，见识了生本教育，我对"先行组织者"教学策略的认识有了拨云见日、茅塞顿开之感。在对生本教育实践的探索中，我深刻领悟到了"生本教育是发动学生自主学习的教育，是为学生好学而设计的教育"，这是本原教育的缘起，也是"三学课堂"教学模型的初步探索。2009年9月至2012年10月，我参与全国教育科学"十一五"规划教育部重点课题"以生本教育推进素质教育促进教育均衡的理论和实践研究"，并担任该课题组第一副组长，开始对成果内涵、原理、模型与路径进行深入的研究与实践。研究与实践的成果《学生解放了，课堂的困境就解决了》发表在《人民教育》2012年第3期，被中国人民大学复印报刊资料《初中数学教与学》收录，被《基础教育论坛（文摘版）》转载，这都标志着成果的有效性。

第二阶段：2012年4月至2017年8月，实践检验阶段。在增城区实验中学、港侨中学任职期间，我重点进行生本教育校本化、学本化的实践研究。我主持广州教研室立项课题"新课标下的校本教材开发与应用"并获得市三等奖；我主持全国教育科学"十一五"规划教育部重点课题"以生本教育推进素质教育促进教育均衡的理论和实践研究"的两项子课题"生本教育课堂教学实践研究""生本教育教学管理实践研究"，构建了本原教育的理论框架。论文《为学生"好"学而设计教学》发表在《人民教育》2015年第4期；论文《初中数学的简单根本开放策略》发表在《师道·教研》2015年第5期。这些论文及课题的研究进一步完善和发展了本原教育的基本模型、校本管理模式、校本推进方式，为本原教育理论和"三学课堂"教学模式的建构奠定了基础。

第三阶段：2017年9月至2020年3月，理论形成阶段。在增城区仙村中学任职期间，我理性建构并完善本原教育理论和本原三学课堂教学模式。2018年1月，我主持省级课题"基于前置研究的中学'少教多学'教育模式的实践研究"（已结题并获优秀等级）；2019年在《基础教育论坛》发表论文《从人出发，优化学校管理》；主持广州市教育科学规划2019年度课题"基于前置研究的高中数学少教多学教学模式探索"（已结题并获优秀等级），2020年论文《三学课堂：以少教多学理念拓展学习空间——以高中数学〈几何概型〉教学为例》在《高考》上发表。至此，本原教育理论基本形成。

第四阶段：2020年4月至2024年12月，推广运用阶段。在增城区第一中学、增城中学任职期间，我推广运用本原教育理论和本原"三学课堂"教学模式，并取得了以下成就：2021年7月，专著《教育回归本原》由广州出版社出版，构建了本原教育理论和本原"三学课堂"课堂模式；同年，论文《教育回归本原——基于本原教育的三学课堂教学模式实践探索》在《广东教育》上发表。2022年，课题"'本原三学'教学模式在高中数学教学中的应用研究"获得广东省教育科学规划2022年度中小学教师教育科研能力提升计划项目重点立项，并于6月面向全广州进行线下和线上示范开题；同年12月，"本原三学：激活学生自主学习力的课堂教学创新实践"荣获广州市增城区第九届教学成果一等奖，入选广州市教学成果培育项目。

本原教育，根植于对人的生命本能的尊重与激发，以课程标准为基石，倡导国家课程的学生化策略。它强调以学生为中心，视学生为学习的真正主人，旨在通过追根求本、推本溯源的教育方式，培养学生的思维品质与关键能力。本原教育的核心在于"两次转化"与"两次升级"：国家课程首先转化为教师课程，再进一步转化为学生课程，实现课程的个性化与深度内化；同时，传统

自 序

课堂从以教师为主导的"讲堂"升级为以学生为主体的"学堂",并最终成为学生展示才华的"殿堂"。这一过程不仅重构了教育价值观,还从教师观、学生观、课堂观、课程观等多维度推动了育人价值的开发与转化。本原教育基于深厚的理论基础,致力于解决当前教育改革中的实际问题,如学生学习动力不足、课堂效率低下等,通过"少教多学""自主学习"等理念,激发学生的内在学习动力,促进其全面发展与终身发展。

为推进本原教育改革,学校采取了"边学习、边研究、边实践、边创新、边推广""五位一体"的实践模式。研究团队不仅深入学习理论,还通过课题研究、沙龙讨论等形式不断碰撞出思想火花,形成并优化了本原教育理论和"三学课堂"教学模式。"三学课堂"包括前置研学、团队互学、教师帮学三个环节,它们相互关联、相互促进,构成了一个完整的教学循环体系。前置研学让学生提前预习,自主解决问题;团队互学鼓励学生合作交流,共同探索;教师帮学则强调教师在关键时刻对学生的引导与点拨,确保学习效率与质量。

这一改革不仅改变了数学课堂原有的低效、被动状态,还激发了学生的自主学习力,使课堂成为学生主动求知、展示自我的舞台。同时,本原教育的实施也减轻了教师的负担,实现了"少教多学""不教而教"的教学目标,为教师提供了更多关注学生个体差异与创造性发展的空间。这一改革在学校层面取得了显著成效。实施本原教育的学校,如增城区的多所中学,见证了学生综合素质的显著提升和高考成绩的大幅进步。例如,港侨中学因课程再造实现了跨越式发展;仙村中学在两年内高考本科上线率提高了25个百分点;增城区第一中学特控率更是提升至原来的4倍,本科上线率提高了27个百分点;增城中学特控率两年提高了近20个百分点。这些成绩不仅体现了学生学业上的进步,更彰显了教育改革的深远影响。

此外,本原教育的成功实践还得到了广泛的社会认可与传播。著作《教育回归本原》被国家档案馆收藏,团队成员在多个核心期刊发表论文,受邀参加国内外300多场讲学会,分享教育教学改革经验。全国各地100多所学校前来参观学习。我还被聘为河北深州中学教育教学改革创新导师。本原教育的影响力不断扩大,为推动我国基础教育改革提供了宝贵的经验与启示。

胡首双

2024年12月

目　录

第一章　"本原三学"的体系构建 ……………………………………… 1
　第一节　课堂为何走向"三学" ……………………………………… 1
　　一、课堂教学的三种变革 …………………………………………… 1
　　二、寻找课堂的根本动力 …………………………………………… 3
　　三、两次转化和两次升级 …………………………………………… 7
　第二节　何为"三学课堂" …………………………………………… 16
　　一、本原教育的教育思想 …………………………………………… 16
　　二、"三学课堂"的教学模式 ……………………………………… 26
　　三、"三学课堂"的教学策略 ……………………………………… 29
　　四、"三学课堂"的教学方法 ……………………………………… 32
　第三节　课堂如何走向"三学" ……………………………………… 33
　　一、"三学课堂"的三环节 ………………………………………… 33
　　二、"三学课堂"的四流程 ………………………………………… 37

第二章　"三学课堂"的前置研学 …………………………………… 46
　第一节　前置研究的三大原则 ………………………………………… 46
　　一、简单原则 ………………………………………………………… 46
　　二、根本原则 ………………………………………………………… 51
　　三、开放原则 ………………………………………………………… 57
　第二节　前置研究的设计策略 ………………………………………… 61
　　一、先会后学，"得意忘形" ……………………………………… 61
　　二、先做后说，"搬弄是非" ……………………………………… 62
　　三、先整后零，"囫囵吞枣" ……………………………………… 64
　第三节　前置研究的核心内容 ………………………………………… 66

第三章　"三学课堂"的团队互学 …………………………………… 85
　第一节　团队互学 ……………………………………………………… 85
　　一、小组队学 ………………………………………………………… 85

二、班级群学 ·· 86
　第二节　学习小组的构建 ·· 87
　　一、学习小组的功能 ·· 87
　　二、学习小组的构建 ·· 87
　　三、学习小组组长的职责 ······································ 88
　　四、学习小组的规范 ·· 89
　第三节　学习小组的运作 ·· 90
　　一、学习小组的运作模式 ······································ 90
　　二、学习小组的语文学科应用案例与分析 ················ 92
　　三、学习小组的英语学科应用案例与分析 ················ 97
　第四节　学习小组的评价 ·· 110
　　一、评价方案的制定 ·· 110
　　二、评价结果的运用 ·· 111

第四章　"三学课堂"的教师帮学 ································ **115**
　第一节　教师帮学的应用策略 ································ 115
　　一、以问题为指引，在立体几何教学中加强对概念的重构、
　　　　理解 ·· 116
　　二、以规范为指引，在立体几何教学中加强对符号规范性的
　　　　教学 ·· 117
　　三、以转化为纽带，提高立体几何教学的有效性 ······· 117
　　四、以情境为铺垫，帮助学生发现问题、解决问题 ···· 118
　　五、以评价为修正，帮助学生自我评测、提升 ·········· 119
　第二节　不同课型的课堂教学设计 ··························· 122
　　一、新授课教学设计 ·· 122
　　二、讲评课教学设计 ·· 136
　　三、复习课教学设计 ·· 145

第五章　"三学课堂"的论文及案例选编 ······················ **163**
　第一节　"三学课堂"的模式应用研究 ······················ 163
　　教学不应有主播 ·· 163
　　"本原三学"新课教学之我见 ································· 167
　　前置研究设计形式的研究 ······································ 172
　第二节　"三学课堂"的学科应用实践 ······················ 175

目 录

一、语文学科 …………………………………………… 175

二、数学学科 …………………………………………… 177

三、英语学科 …………………………………………… 178

四、化学学科 …………………………………………… 182

五、物理学科 …………………………………………… 185

六、地理学科 …………………………………………… 187

七、历史学科 …………………………………………… 189

八、生物学科 …………………………………………… 192

第一章

"本原三学"的体系构建

第一节 课堂为何走向"三学"

"改革最终还是要发生在课堂上。"我国教育家陶西平认为,促进课堂教学改革,提高课堂教学质量,是当前教育创新、回归基础的重要课题。① 课堂作为学校教育的核心舞台,承载着知识传授与技能培养的重要使命,是学生学习旅程中的关键阵地。为了顺应时代的洪流并回归教育的本真,我们需要进一步深化课堂教学改革。课堂教学改革应着眼于为学生的终身学习与持续发展奠定坚实的基础,确保教育内容与方式能够紧跟时代步伐,从而满足未来社会对人才的需求。

一、课堂教学的三种变革

自新课程改革推行以来,我国教育改革取得了巨大成就,新课程改革的理念深入人心,对中小学课堂教学产生了积极影响。在改革过程中,产生了不少先进的教育理念和教育思想,如教育名家魏书生的自主学习、儿童教育家李吉林的情境教育、北京师范大学教授裴娣娜的主体教育、华南师范大学教授郭思乐的生本教育、中央广播电视大学教授吴鸿清的伏羲教育,以及优秀的教学改革实践案例,如江苏洋思中学的"有效教学"模式课堂变革、山东杜郎口中学的新课改实验、清华大学附属小学的"主题教学"实践模式、北京市十一学校的"课程改革"。各地百家争鸣,纷纷探索适合学生的教育方法和模式。可以说,新课程改革的影响是深远的。

在教学改革浪潮中,各地各级学校孜孜不倦地寻求教学改革之路,如火如荼地投身新课程改革实验,努力改变以往陈旧落后、忽视学生主体地位的教育

---

① 陶西平在2018年第五届全国中小学校长论坛上的发言。

教学方式。这些课堂教学改革可以分为三类：形式变革、技术变革、思想改革（图1-1）。其中，形式变革更多的是关注教学形式，如小组合作学习、问题导学等；技术变革分为内在的教师教学技术变革和外在的信息技术变革两种，信息技术带来的教学改革在近年来备受青睐，如微课堂、智慧课堂等。

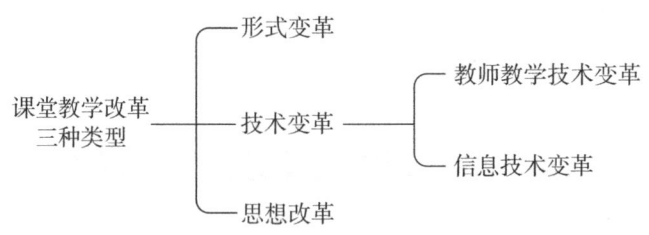

图1-1　三种课堂教学改革类型

然而在现实的教学改革中，有些学校和教师却发现"教师越教越苦，学生越学越累"这一现状依然很难改变，甚至陷入"教师不会教，学生不会学"的窘境，导致很难提高学校教育教学质量，对此学校和教师也感到很无奈。笔者所在的学校曾不同程度地进行过类似的教学改革，但在学校组织的针对课堂教学情况的问卷调查中，其结果反映出课堂教学存在着如下几个共性问题：第一，教师课前准备不够充分，导致课堂教学内容单调，逻辑不清晰；第二，教师在讲新课前，盲目出示学习目标，淡化了情境创设这一环节，导致整个教学方式机械呆板，对学生没有吸引力；第三，教师主导课堂比重过多，给学生学习的时间和思考的空间有限，学生无法当堂完成作业；第四，教师较多关注自己的教，而较少关注学生的学，学生的学习方式单一，自学流于形式；第五，教师对学生的关注面太窄，学困生容易被忽视，使学生两极分化严重等。存在这些问题的课堂，其教学效率很难得到保证。这种"以教师为中心，侧重于系统传授"的传统课堂教学模式，往往忽视了学生作为正处于快速发展中的独立生命体的特性和需求，进而导致了学生在学习过程中缺乏积极性和主动性。

因此可以说，如果改革仅限于教学形式和技术层面的调整，而教学内容及其结构未能实现深层次的变革，那么即便教学形式和教学技术有所更新，学生在课堂中的主体地位仍然难以确立及保障，也无法真正满足教育改革与发展的实际需求。《学会生存：教育世界的今天和明天》中有一句振聋发聩的话："如果教育改革不能引起学习者积极主动地亲自参加活动，那么，这种教育改革充其量只能取得微小的成功。"[①]只改变教学形式和提升教学技术，而不改变教学

---

① 联合国教科文组织国际教育发展委员会. 学会生存：教育世界的今天和明天[M]. 华东师范大学比较教育研究所，编译. 北京：教育科学出版社，1996.

思想的改革是不彻底的。这种改革虽然能够起一定作用,但是不能起决定性作用,其影响是微小的。因此,我们需要的是更彻底的思想改革。

本原教育就是在这样的背景下产生的,它依托"三学课堂"的教学模式进行创新,打破传统教学的结构环节,对课堂教学进行逻辑重构,使教师的教与学生的学能有机地结合起来,真正实现"学生主体、教师主导",减少和压缩"教"的时间和空间,激发和扩大"学"的动力和效果,力求从根本上减轻教师教学负担,提高教学效率。本原教育还促使教学从传统的"以教师为主体的多讲"向"以学生为主体的自主学习"转变,旨在拓展学生自主发挥的弹性空间,强化学生的自主学习能力,并使其找回学习的根本动力。

二、寻找课堂的根本动力

常见的传统课堂最缺少什么呢?是缺少知识吗?许多教师在课堂上滔滔不绝,传道授业。是缺少方法吗?许多教师讲授时也是声情并茂,循循善诱。是形式匮乏吗?许多教师青睐的翻转课堂、智慧课堂等已经走进校园、走进课堂。是缺少责任吗?许多教师掏心掏肺,经常讲得口干舌燥。可见,以上这些都不是问题所在,那为什么传统课堂的氛围依然低迷,课堂效率始终低下呢?

笔者认为,传统课堂最缺的,是生机与活力,是学习的精气神,是推动学生积极主动地去学习的力量。教育家苏霍姆林斯基曾说:"请记住,成功的欢乐是一种巨大的情绪力量,它可以促进儿童好好学习的愿望。请你注意,无论如何不要使这种内在的力量消失,缺少这种力量,教育上的任何巧妙措施都是无济于事的。"[①]纵览当下的课堂,学生更多的是"被动学习"(图1-2),学习的方式就是"讲—练—考",即教师反复讲解→学生重复训练→学校频繁检测的套路循环。

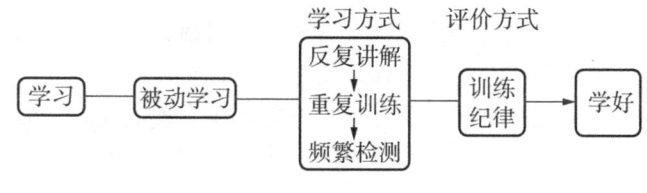

图1-2 被动学习

在这种被动模式下如何检测学习的效果?遵守纪律,在重复训练中提高准

---

① B. A. 苏霍姆林斯基. 给教师的建议:全一册[M]. 杜殿坤,编译. 2版. 北京:教育科学出版社,1984.

确率，提高分数，这就是我们对学生"学好"的评价标准。重复训练和频繁检测固然可以提高学生分数，但也导致在被动学习中培养出来的"好学生"，其独立性不足，缺乏自主思考的能力，即便熟背知识点也仍不知如何应用，最终成为内心价值缺失的"空心人"。这样的"空心人"如何能拥有个性十足的创意？又怎能有卓尔不群的创造力？

不同于被动学习，主动学习的方式主要有自主学习、合作学习、探究学习（图1-3），强调的是学生的自我驱动和自我启发。探究学习很难由学生独自完成，而是需要小组合作；合作学习的前提是学生能够实现自主学习。因此，这三者是相互递进又相互作用的。这三者形成的"组合拳"，一方面能让学生摆脱因被动学习而形成的刻板思维，大大减少在学习过程中做的"无用功"，提高学习的效率和有效性；另一方面能增强学生的学习管理能力、人际交流能力和创新能力。

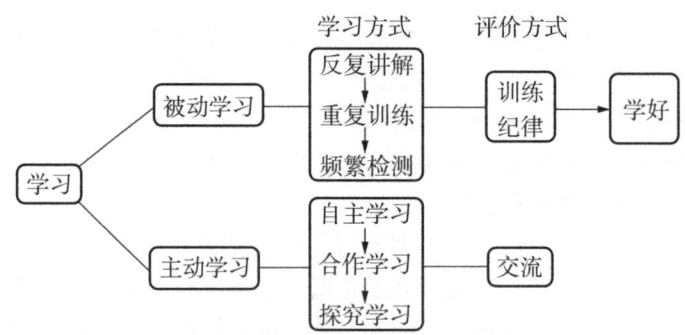

图1-3 被动学习和主动学习的对比

在主动学习的课堂上，判断学生是否"学好"，不再将分数和纪律奉为圭臬，而是侧重于交流的质量与深度。这包括师生之间的双向沟通，以及学生彼此之间的互动交流。交流的形式不限于言语上的对话，更深入到思想的碰撞与共鸣，以及行为上的积极互动与合作。交流的前提是交流双方通过独立思考产生疑问、观点甚至创见，在展示和对话中方能产生有趣的互动交流。

本原教育融合了主动学习的思想，且与之相互关联。本原教育从"好(hǎo)学、好(hào)学"角度出发，通过前置研究、教材整合等实现学生"好(hǎo)学"，利用组织、评价、激励等教学手段使学生"好(hào)学"，共同推动学生自主学习、合作学习、探究学习，使之最终与"学好"同步（图1-4）。

第一章 "本原三学"的体系构建

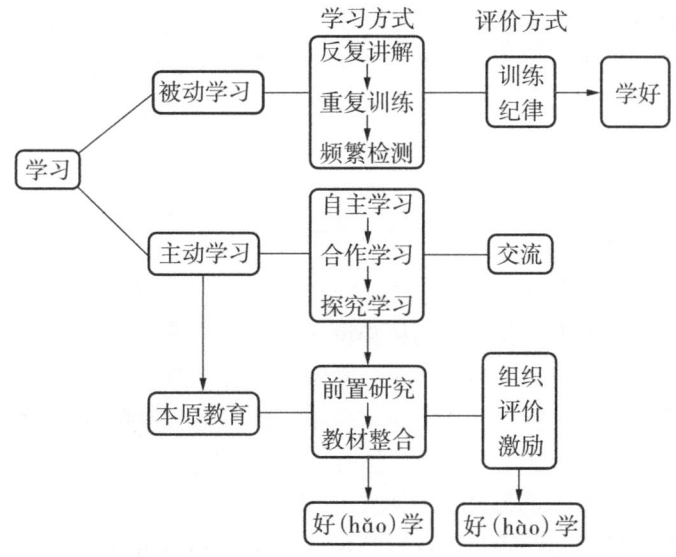

图1-4 本原教育与主动学习、被动学习的关系

本原教育是一种符合当下素质教育要求的教育，追求的是主动学习，有交流、有生命力的课堂，尝试改变被动学习的状态。笔者在《学生解放了，课堂的困境就解决了》中提到了一个故事。

哪位老师敢说"我的课堂没有学生睡觉"？

我刚到一所新学校工作，令我感到头痛的是：学困生太多，很多学生厌学或者根本不学。一个班如果只有三四个学生上课睡觉，我就非常欣慰了。有一次全校教师进行校本培训，我说："哪位老师敢说'我的课堂没有学生睡觉'？"我望着大家，许多老师低下了头。突然，一位老师小声说："我敢说！"全场哄堂大笑，原来他是体育老师。

于是，我们开展了本原教育教学改革，短短的3个月，变了！真的变了！最明显的表现就是，学生的学习积极性和主动性增强了，原来上课睡觉的学生现在不睡了。教师们都敢骄傲地说："我的课堂没有学生睡觉了。"

本原教育特别强调学生的小组学习，为提高学习小组的工作效能，在实验中，我们建立了小组评价机制，对小组实行量化考核，实施"捆绑"评价。

有这样一个案例：一个班有几个同学无心学习，上课经常睡觉，所在小组量化考核分数偏低，其他成员意见很大，甚至提出不愿意和他们一个小组的要求。于是教师和组长商讨，决定修改小组评价量化考核条款，针对这几个同学增加一条：只要这几个同学上课不睡觉，每节课加5分。果然见效，这几个同学上课真的不睡觉了。但是，不睡觉不等于学习。这几个同学所在小组的考核分数上去了，其他小组又有意见了。组长们决定再次修改考核条款：这几个同学上课不睡觉，但还要加强学习，只要每天记住一个英语单词，写一个语文生字词，做一道数学选择题就加5分。

这对激励、唤醒和鼓舞学生，起到了较好的效果，但是，这只是给学生的学习提供了外动力，还没有解决原动力的问题。

人类内心深处存在着一种根深蒂固的渴望，那就是希望自己能成为发现者、研究者与探求者。在学生的精神世界中，这种渴望尤为强烈。在班上，成绩好的学生表现的机会很多，其实，学困生更需要得到这种机会，更需要得到同学和教师的肯定。所以，在本原实验中，我们有一种激励学困生的方法，就是让学困生先"喝鸡汤"，再"闪亮登场"，表现自己。

经过长期的教学实践积累，我们创造性地提出了"三学课堂"教学模式。该模式由前置研学、团队互学及教师帮学三个核心环节构成，而前置研究（前置研学的内容）则是这一模式中最为关键的起始步骤。

前置研究并不等同于导学案，它遵循简单、根本、开放三个原则。如果前置研究是有难度的，是不"好(hǎo)学"的，那么原本学习不主动的学生就更不愿意打开课本，更别说自主学习，完成课前练习了；但如果过于简单，且不能触及该知识的核心，那么这样的前置研究是无效的，对于有一定基础的学生来说，这无法帮助他们深入地思考和探索知识；如果前置研究不是开放性的，而是仅仅聚焦于追求题目的正确答案，那么它将难以激发学生的思考与交流，进而无法让学生产生浓厚的学习兴趣，即没有达到"好(hǎo)学"的目标。只有在简单、根本、开放的前置研究这一前提下，学生才能高质量、高效率地进行团队互学，而教师则更多是起帮学的作用。下面的故事就是有力的佐证。

解二元一次方程组还需要教吗？

在实验班进行一元一次方程教学时，罗老师着重强调了"等式的性质"（若 $a=b$ 且 $c=d$，则 $a+c=b+d$）这一核心概念。她坚信，学生一旦深刻理解并掌握了"等式的性质"这一核心概念，一元一次方程的解法便能自然而然地融会贯通，因为这类方程的解法本质上就是"等式的性质"的具体应用，她便减少了对方程解法本身的直接教授。

在学生学习二元一次方程组的时候，恰逢罗老师要外出参加学习交流活动。但罗老师没有要求学校安排其他教师代课，她说："解二元一次方程组还需要教吗？不也是'等式的性质'的具体应用吗？"

于是，她召集了学习小组组长，一起商讨解二元一次方程组的学习计划，要求学生加强自主管理。一个星期后，罗老师回来对本年级进行解二元一次方程组的单元测试。一次课都没上，学生考试又会如何呢？令人惊奇的是，罗老师班里的学生的平均分是92分，而年级平均分是73分，更令人惊叹的是她带教的班里居然有32个同学得了满分。

在传统的课堂教学中，许多教师担心把课堂交给学生会引发学生不会学、课堂纪律乱等问题，继而选择传统的教学方式——以讲为主。这种刻意忽视学生自主学习空间、实现自我价值的方式，恰恰加剧了学生不会学的问题。学生作为独立的个体，拥有自己的思想，对未知充满好奇，身怀无限的潜能，这些都是教师可以利用的极好的教学资源。《礼记·学记》中说："学然后知不足，教然后知困。知不足，然后能自反也；知困，然后能自强也。故曰：教学相长也。"教学相长的主体，适用于教师和学生双方，也适用于学生个体，是学生主动学习的表现。当学生卸掉被动学习的包袱，投入主动学习的环境里，便可以在自主、合作、探究中享受教和学的乐趣。一方面，学生和学生之间能够互相请教、互相补充、互相纠错，从而实现学生个体之间的互相教导和学习；另一方面，学生个体能够挖掘和发挥自身的才能，自我发现、自我反思，实现个人的学习能力的提升。在这种状态下，学生拥有的学习空间更大，学习自由度更高，学习欲望也更强烈，这都有利于师生之间的教学相长，促进学生自我价值的实现。

三、两次转化和两次升级

2023年5月，教育部办公厅发布了《基础教育课程教学改革深化行动方案》，该方案强调需依据地方和学校实际情况，采取"一地一计"与"一校一策"的灵活策略，将国家层面的育人蓝图细化并转化为地方和学校具有特色的育人"施工图"，旨在明确课程教学改革的具体路径、措施，并针对面临的困难与挑战提出有效的解决方案。

本原教育就是基于笔者多年实践生本教育的经验，在校本化探索中形成的，专注于构建适合中小学生的"三学课堂"教学模式。该模式涉及对国家课程的两次创新转化，以及对传统课堂的两次深度升级（图1-5）。

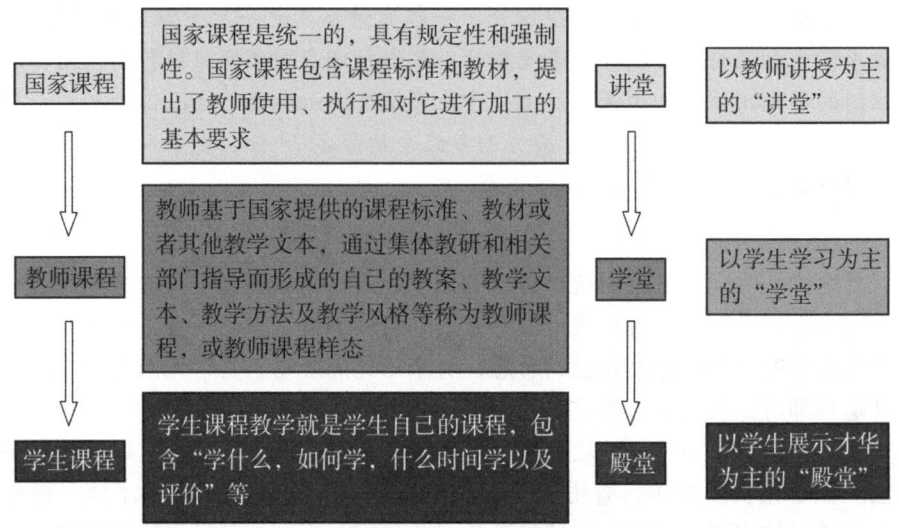

图 1-5 两次转化和两次升级

（一）国家课程的"两次转化"

国家课程具备统一性、规定性和强制性，涵盖了课程标准及教材，为教师的教学实施与内容加工设定了基本框架，但并未详尽规定具体的执行策略。能否高效且高质量地实施国家课程，是衡量学校及教师专业素养与实践能力的重要标尺。

在本原教育中，国家课程的实施经历了两次创新转化：首先是从国家课程转化为教师课程，进而再由教师课程转化为学生课程。这一过程实质上是对课程内容的再创造与适应性调整，即"课程再造"。

教师课程是指教师在国家提供的课程标准、教材及其他教学文本的基础上，通过集体教研与相关部门的指导，形成具有个人特色的教案、教学文本、教学方法及教学风格等的过程。然而，仅仅专注于研究教师如何教授而不深入探索学生如何学习是不够的，这样的做法并未充分实现国家课程的校本化转化。为了真正将教师课程转化为学生课程，教师需要更多地考虑学生的需求，包括确定学习内容、学习方法以及学习时间等，使课程真正成为以学生为中心、由学生主导的学习路径。也就是说，我们要把国家课程当作建筑材料，帮助学生按照自己的意愿"盖房子"，这个"盖房子"的过程就是教师课程转化为学生课程的过程。

具体而言，教师需进一步将这一教师课程转化为贴合学生实际需求的学生课程，让学生"好(hǎo)学"，进而"好(hào)学"。例如，笔者曾执教并指导高

第一章　"本原三学"的体系构建

中化学教师设计"物质的量在化学方程式计算中的应用"一课。这是高中化学中极为重要，也较有难度的一课，大多数化学教师在设计前置研究时往往不得门径。未经指导时，化学教师所设计的前置研究第一稿如下所示。

"物质的量在化学方程式计算中的应用"的前置研究（一）

探究1：已知 A 求 A′。

自主阅读高中《化学》必修第一册第78页和第79页，请以 Na 与水反应为例，推导化学方程式中计量数与物质的量之间的关系式。

探究2：在化学方程式中，已知 A 求 B。

阅读第79页的例题，运用上述推导关系式完成解题过程。

例题：把 6.5 g Zn 放入足量的盐酸中，Zn 完全反应。计算：

① 6.5 g Zn 的物质的量。

② 参加反应的盐酸的物质的量。

③ 生成 H_2 的体积（标准状况下）。

探究3：每个同学自编一道题，要求：

①运用化学方程式进行计算。

②已知 A 求 B，组内共享，课堂分享。

上述前置研究的最开始，教师直接让学生自主阅读教材，自行推导关系式。探究1对于一般学生来说是有一定门槛的，更不用说那些本身化学学科基础较差或者化学学习意愿较低的学生，这对于他们来说是凶猛的"拦路虎"。虽然探究3遵循了开放的原则，但哪怕是对于基础较好的学生来说，自编题目也属于高难度的拓展任务。也就是说，这一稿更多依据国家课程，从教材的视角来进行设计，未能遵循简单原则，对于学生来说，并不"好（hǎo）学"。于是，在笔者的点拨下，该教师又设计了下面的第二稿。

"物质的量在化学方程式中的应用"的前置研究（一）

探究1：已知 A 的其中一个物理量，求 A 的另一个物理量。

知识链接：写出物质的量 n 与质量 m、气体体积 V（标准状况下）、溶液的物质的量浓度 c_B 之间的数学关系式。请设计或找一个例子说明各物理量之间的转换关系。

探究2：在化学方程式中，已知 A 的物理量，求 B 的物理量。

① 以 $2H_2 + O_2 \xrightarrow{\text{点燃}} 2H_2O$ 为例，根据要求填写下表。

9

化学反应方程式	$2H_2$ + O_2 $\xrightarrow{点燃}$ $2H_2O$		
计量数之比(或系数之比)	_____	: _____	: _____
将"计量数"扩大 $6.02×10^{23}$ 倍	_____	: _____	: _____
物质的量之比	_____	: _____	: _____
物质的质量之比	_____	: _____	: _____

分析上表,能得到什么相等和不等关系式?

② 以 $aA + bB \rlap{=}= cC$ 为例,n_1、n_2、n_3 分别代表 A、B、C 三种物质的物质的量,根据要求填写下表。

化学反应方程式	aA + bB $\rlap{=}=$ cC		
计量数之比(或系数之比)	_____	: _____	: _____
物质的量之比	_____	: _____	: _____
"系数之比等于物质的量之比"的数学表达式			

探究3:根据"系数之比等于物质的量之比"的数学表达式,设计或找一道较高水平的题,组内讨论,课堂分享。

相对于第一稿,第二稿有了很大的变化,题目显而易见地简单化了,并且用表格的形式让学生更清晰地梳理思路,实现了从国家课程到教师课程的转化。但这一个版本仍是从教师的视角出发,未能做到真正以学生为主体,从学生的角度进行探讨。于是,笔者重新设计了第三稿,并亲自执教了该节课。

"物质的量在化学方程式中的应用"的前置研究(一)

可能用到的相对原子质量:H 为 1,O 为 16。

探究1:请同学们填写下表。

	H_2	O_2	H_2O
物质的量(n)	2mol	1mol	2mol
质量(m)			
气体体积(V)(标准状况下)			
微粒个数(N)			

你能说出你计算 m、V 和 n 的依据吗？

探究 2：已知化学反应方程式 $2H_2 + O_2 \xrightarrow{点燃} 2H_2O$，回答下列问题。

①该方程式计量数之比为 2∶1∶2，你能从微观角度说出该比例的意义吗？

②试问：10 个 H_2 能与多少个 O_2 完全反应？生成多少个 H_2O？

③试问：$2 \times 6.02 \times 10^{23}$ 个 H_2 能与多少个 O_2 完全反应？生成多少个 H_2O？

④如果将③计算的结果换成物质的量，你得到的 H_2、O_2、H_2O 的物质的量分别为多少？这三种物质的物质的量之比为多少？结合①的分析你能得到什么结论？

探究 3：已知 2 mol H_2 与足量的 O_2 完全反应，回答下列问题。

①需要多少摩尔 O_2？产生多少摩尔 H_2O？

②需要多少升 O_2（标准状况下）？

③需要多少克 O_2？产生多少克 H_2O？

④如果是 5 mol H_2 与 O_2 完全反应生成 H_2O（标准状况下），需要多少升 O_2？产生多少克 H_2O？（请至少用两种方法解答）

"物质的量在化学方程式中的应用"的前置研究（二）

探究 1：回顾前置研究（一）之探究 3，已知 $2H_2 + O_2 \xrightarrow{点燃} 2H_2O$，2 mol H_2 与足量的 O_2 完全反应，回答下列问题。

①物质的量之比为多少？

②标准状况下，H_2 和 O_2 的体积之比为多少？

③各物质的质量之比为多少？

方程式计量数之比等于气体的体积之比吗？（同温同压）

方程式计量数之比等于各物质的质量之比吗？如果不等于该怎样列式求解？

探究 2：完成下列各题。

①6.5 g Zn 与足量盐酸完全反应，产生的 H_2 的体积（标准状况下）为多少？（请尝试用多种方法解答）

②Zn 与 200 mL 足量的盐酸溶液完全反应生成了 2.24 L 的 H_2，消耗的 Zn 的物质的量为多少？盐酸溶液的物质的量浓度为多少？

③根据你现在的认识，请发挥你的最高水平设计一道题或找一道题与同学们分享。要求：要有化学反应方程式；要解答。

课堂小结：

同样以表格的形式呈现，这一稿更加简单明了地让学生直接填入相应信息，然后进行观察、分析和思考；在学生有了一定的感知之后，又用一系列的问题，引导学生进行思考、讨论和交流，于是学生很快就理解了核心知识。特别值得一提的是，在前置研究（一）的探究3举一反三的演算环节，我们邀请了一位基础相对薄弱的学生上台演示，其表现令包括化学科组教师在内的所有人都感到惊讶。这堂由数学教师执教的化学课获得了满堂彩。这次前置研究的两次易稿是逐步从国家课程到教师课程再到学生课程的转化。

可见，国家课程上的知识点，经过两次转化后，和转化前的效果对比非常明显。国家课程犹如种类丰富的食材，教学的过程犹如烹饪，能力一般的教师像一个餐厅服务员，把别人做好的菜肴端给学生吃；精明的教师犹如一个高级大厨，把菜肴做得非常精美，送给学生吃。但是，再精美的菜肴都难以符合每个学生的口味。高明的教师进行课程再造，就是把国家课程当作食材，让学生在教师的帮助下按照自己的口味进行烹饪，这个烹饪的过程就是教师课程转化为学生课程的过程。起初，学生或许会觉得菜肴的味道不尽如人意，但随着不断的实践和时间的推移，他们的"烹饪"技艺会逐渐提升，直至成为一位合格乃至出色的"厨师"。当每天都能品尝到自己亲手制作的美味佳肴时，这就意味着学生已经在成长的道路上取得了显著的进步。

（二）传统课堂的"两次升级"

在本原教育中，传统课堂的"两次升级"分别是把以教师为主的"讲堂"升级为以学生为主的"学堂"，再把以学生为主的"学堂"升级为以学生展示才华为主的"殿堂"。课堂要实现从"讲堂"到"学堂"再到"殿堂"的转变，大致要经历以下过程：首先，组织学生个体自主学习，让学生有"对话的资本"，便于与其他学生进行交流；其次，构建学习小组，学生进行合作学习，凝聚同学们的智慧，形成学习成果；最后，给学生以舞台，展示学习成果。在教学过程中，教师要引导、点拨、纠偏、补漏，起到帮助学生指明学习方向、提炼知识和提升能力的作用。

本原教育强调先会后学，这里的"会"是"领会"的意思，即先领会再学习，

第一章 "本原三学"的体系构建

而这里的"学"指的是将对事物的认识理念化或进行符号化的表述。在教学中，教师要抓住能让知识生长的"根"，帮助学生把"根"扎好，只要学生领会到问题的本质，知识就能在学生的大脑中蓬勃生长。

下面以初中数学"幂的运算"这一教学内容为例，来体会本原教育是怎样把握知识的"根"，构建新的知识结构的。

"幂的运算"这一教学内容可分成6个知识点，分别是同底数幂的乘法、幂的乘方、积的乘方、整式的乘法、同底数幂的除法、整式的除法。在常规教学中，按照建构主义理论，一般需要分4～6个课时学习"幂的运算"中涉及的6个知识点，如图1-6所示。

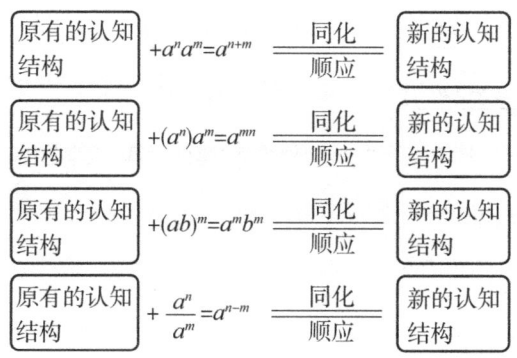

图1-6 "幂的运算"的法则

事实上，"幂的运算"的教学内容的"根"是对"幂"的讲解，只要学生明白 a^m 实际上就是 m 个 a 相乘，并且用 a^m 来表示 m 个 a 相乘就可以了。这样，"幂的运算"的法则就能在学生的大脑里"生长"出来了。如图1-7所示，基于本原教育"三学课堂"，只需要1个课时即可讲解完成。

基于这样的思考，实际教学中笔者不讲公式法则，重点抓"就是 m 个 a 相乘"这一根本，用一堂课的时间，让学生学会了同底数幂的乘法、幂的乘方、积的乘方、整式的乘法、同底数幂的除法、整式的除法等知识点。以下列举课堂上学生精彩的学习片段：

教师：$(a^3b)^2=?$

学生1：$(a^3b)^2=(a^3b)(a^3b)=a^3 \cdot a^3 \cdot b \cdot b = a^6b^2$

教师：$a^8 \div a^3 = ?$

（学生们纷纷举手回答，教师让学生上讲台讲解）

学生2：$a^8 \div a^3 = a^{8-3} = a^5$

（学生2直接用公式解，说不出问题的根本）

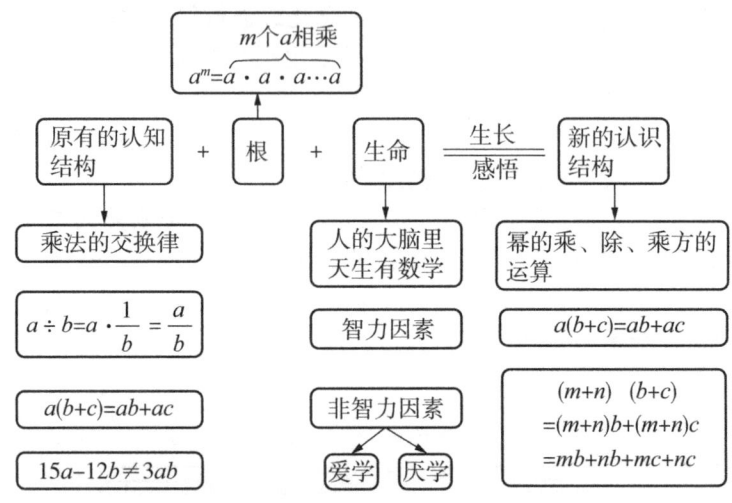

图1-7 "三学课堂"下"幂的运算"教学思路

（教师继续提问）

学生3：∵ $a^5 \cdot a^3 = a^8$

∴ $a^8 \div a^3 = a^5$

（教师继续提问）

学生4：$\dfrac{a \cdot a \cdot a \cdot a \cdot a \cdot a \cdot a \cdot a}{a \cdot a \cdot a} = a^5$

本堂课中，学生顺利地完成了如同"$28a^5b^2c \cdot (-4)a^6d^2 \div [(2a)^2 \cdot (4a^2bd)]$"的难题。在后续的学习中，学生还得到了以下结论：$a^0 = 1$。

∵ $a^2 \div a^5 = a^{2-5} = a^{-3}$，又∵ $\dfrac{a^2}{a^5} = \dfrac{1}{a^3}$，∴ $a^{-3} = \dfrac{1}{a^3}$

有些数学教师可能会提出疑问：对于一些简单或容易理解的知识点可以让学生自主学习，但中学数学中的抽象概念也可以让学生自主学习吗？笔者曾应邀到新疆作有关本原教育的报告，会务组要求笔者给新疆的学生上一节研讨课，笔者欣然接受。

当时笔者拿到的课题是初中数学"函数的概念"新授课。数学教师都知道这节课几乎是中学数学最难上的课。在准备阶段，一位教师说："如果按传统的教法，由教师来讲难度都很大，不容易出彩，用本原教育'先学后教'的理念授课只会更难，这个内容学生如何能先学？更何况新疆离广州这么远，又不熟悉学生和当地的教育状况，还有来自全国各地的教师听课，压力很大，还是换一个课题吧？"

第一章 "本原三学"的体系构建

本原教育致力于满足学生的学习需求,其核心理念在于"先学后教"。该方法强调学生先进行自主学习,以此作为与教师对话的基础。当学生的大脑通过自主学习得到充实后,他们便能更有效地思考,参与小组讨论,并在思维碰撞中激发出新的灵感。

因此,能让学生先学起来是解决问题的关键。前置研究作业的布置一定要"简单、根本、开放",要让每个学生都能完成,即"简单";问题要切入概念的核心,即"根本";不同层次的学生能得到不同的发展,即"开放"。

遵从这一原则,笔者用电子邮件给远在新疆的学生布置了这样的前置性作业:

①长方形的一条边长为2,另一条边长为x,长方形的周长为y,怎样用含x的式子表示y呢?解:$y=2x+4$,其中$x>0$。模仿该例题,请你再举一例。

②结合课文,你能指出函数的概念吗?如果y是x的平方根,那么y是x的函数吗?

这一堂课,新疆的孩子们表现得无比精彩,他们举的例子有一次函数,有二次函数,有反比例函数,还有含根式的函数,他们还就x的取值范围展开了激烈的讨论,对函数概念理解得很到位,同学们的回答:y是x的平方根,那么,一个x对应两个y,例如4的平方根是±2,y不是x的函数。

课后,听课教师把笔者团团围住,邀请笔者到他们学校去上课。他们说,一节课里,老师没怎么讲,学生倒是讲得头头是道,没想到课还可以这样上!笔者说:"是你们没想到学生可以这样学,是你们不相信学生可以这样学。其实,是老师的'无为',成就了学生的精彩。"

要让学生在课堂上有才可展,就要把学习的权利还给学生,把传统的以教师为主的"讲堂"变成以学生为主的"学堂"。如果要充分展示学生的才华和学习成果,就要给学生搭建相应的"舞台",把课堂变为学生展示的"殿堂"。

"本原三学"在尊重学生自主学习的前提下,像把土地还给农民一样把课堂还给了学生,不仅找回了学生学习的强大动力,也实现了学生从"好(hǎo)学"到"好(hào)学",最终到"学好(hǎo)"的目标。正如爱因斯坦所言:"如果把学生的热情激发出来,那么学校所规定的功课就会被当作一种礼物来领受。"学生解放了,课堂的困境就解决了,教师要做的就是迎接学生学习的激情。

本原教育试图改变缺乏生命活力的课堂教学,解决中学课堂教学中现有的一些问题,使课堂成为学生学习的乐园、成长的乐土。只有学生主动学习,课堂才真正拥有生命力。改革课堂教学模式,实现学生主动学习,回归教育本原,这就是本原教育的初心。

第二节 何为"三学课堂"

郭思乐教授曾写道:"教育者站在天赋高质的孩子们旁边,为他们好学而设计——主要依靠他们自己学,最大限度依托大自然所赐给他们的禀赋来为他们服务。"①他还形象地说:"每一个人都想当老板。"这恰如其分地揭示了人类内心深处对自主、掌控和创造的渴望。学生同样拥有这样的天性,他们渴望在学习的舞台上成为主角,而非成为被动接受知识的容器。因此,教育的真正使命,应当是搭建一个让学生能够自由探索、勇于尝试、敢于创新的平台,让他们的天赋和潜能得以充分展现和释放。"本原三学"所搭建的正是这样一个平台。为实现课堂的两次转变,我们在多年生本教育的教学实践基础上,提出本原教育思想,创建了"三学课堂"教学模式。

一、本原教育的教育思想

本原教育是以学生为本体,倡导学生是学习真正的主人的教育,是以学生的生命的本能为凭借的教育,是追根求本、推本溯源的教育。它反对蜻蜓点水、浅尝辄止。因此,"本原三学"的体系构建也需要回归到根本——思想理念上来。

(一)本原教育的理论基础

本原教育并非无根之木,除了笔者多年践行的生本教育之外,其理论源泉还有:心理学——美国心理学家亚伯拉罕·哈罗德·马斯洛(Abraham Harold Maslow)的人本主义心理学;教育心理学——美国心理学家霍华德·加德纳(Howard Gardner)的多元智能理论;方法论——美国学者埃德加·戴尔(Edgar Dale)的学习金字塔理论、美国学者D. A. 库伯(David A. Kolb)的体验学习圈理论、瑞典学者马顿(Marton)和萨乔(Saljo)的深度学习理论、美国心理学家戴维·奥苏贝尔(David P. Ausubel)的有意义学习理论,还有诺贝尔物理学奖获得者理查德·费曼(Richard Feynman)的费曼学习法。

---

① 郭思乐. 向大自然寻找力量的"天纵之教"——论生本教育的本质[J]. 现代教育论丛,2011(Z2):82-86.

第一章 "本原三学"的体系构建

1. 生本教育理论。

生本教育是华南师范大学教授郭思乐创立的一种教育思想和教学方式。它是为学生"好(hǎo)学"而设计的教育,也是以生命为本的教育。生本教育提出"一切为了学生"的价值观,高度尊重学生的伦理观,全面依靠学生的行为观。它强调学生是教育的真正主体,是学习的真正主人。教师要尽可能地把"教"转化为"学","教"服依于"学",把核心性学习还给学生。教育应当充分发挥人的潜能,教师应最大限度地调动学生的内在积极性,组织学生自主学习、合作学习、探究学习,把学生从单纯的知识接受者、思想接受者转变为知识的探索者和发现者,并使其拥有独立的思想主体。生本教育的"五观"——学生观、教师观、教学观、评价观、德育观,皆以学生为出发点和落脚点,以发展学生为目的。

生本教育的学生观:人的起点非零,人拥有其自身发展的全部凭借,具有与生俱来的语言的、思维的、学习的、创造的本能。学生是天生的学习者,潜能无限,是教育教学中最重要的资源。借助于学生本能力量的调动,可以形成教育的新的动力方式和动力机制。

生本教育的教师观:教师应是生命的"牧者",而不是拉动学生的"纤夫"。教师在教学中要尽可能"不见自我",要把教学内容从一大堆知识点转变为知识的"灵魂和线索",以创造最大的空间,迎接学生积极的学习。

生本教育的教学观:教学就是学生在教师的组织、引导下的自主学习。生本的课堂区别于考本、本本、师本的课堂,也区别于短期行为的、分数的课堂,是人的发展的课堂。在教学组织上,生本教育鼓励先做后学,先会后学,先学后教,以学定教,少教多学,直至不教而学,采用个人、小组、班级等多种方式推行自主学习。生本教育提出,比"基本知识和基本技能"更为基础的是发展人的情感和感悟,认为感悟是人的精神生命拓展的重要标志,学生学习的核心部分应该是发展感悟,情感的意义也在于感悟的形成。

生本教育的评价观:提倡减少或最终取消学生成长期频繁的统一考试,不干扰学生成长期的成长,把考试评价的主动权还给学生或科任教师,把教学过程中的评价活动改为评研活动,削弱日常评价的比较竞争功能,鼓励"为而不争"。到了学生学习的成熟期,鼓励学生用成长期的生动、活泼、主动、自然、丰富的情感和感悟,取得优异的终端考试成绩。

生本教育的德育观:学生美好的学习生活是学校德育的基础。劳动产生自然的美德,产生朴素的德行。当学生在课堂中真正成为主人,自己去体验和感悟真、善、美时,就可以使教学中饱含的真、善、美最大限度地进入学生本体,从而起到最大的德育作用。由此,课堂教学过程成为最自在的、素朴的、无形的德育过程。

基于以上"五观",生本教育延伸出生态课堂模式,旨在让学生在教师的引导下能自主学习,在课堂学习生活中学会感悟、体味生活,将知识融入生命。生态课堂模式的基本流程分为三个阶段,即领受—领悟—提升。"领受"是新课开始时,教师提出问题,学生讨论,教师对讨论询问,了解学生领受的情况;"领悟"主要是通过阅读、讨论或练习,让学生深入知识的内部,领悟知识;"提升"是对已有知识的拓展。

生本教育对课堂教育生态进行有机整合,有利于学生个体、教师与学生、学生与学生、小组与小组的多项互动和不同层次的提升,教学效果十分显著,取得了丰富的理论和实践成果。不少基础设施或师资力量薄弱的学校因此改变面貌,成为社会认可的学校;广大教师在生本教育的实践中充分体会到教育的真谛,得到良好的专业发展。《人民教育》杂志总编辑傅国亮曾说:"生本教育是中国教育转型时期的理论需要,或者说是中国教育转型时期的标志性理论之一。这是中国教育多样化发展的主流理论和实践模式。"[1]

可以说,生本教育是解决教育困境和实现教育理想的"金钥匙"。

2. 人本主义心理学。

人本主义心理学诞生于20世纪中叶,由美国心理学家亚伯拉罕·哈罗德·马斯洛创立。该理论强调人的成长和发展,认为人作为一个有机整体,具有多种动机和需要,包括生理需要、安全需要、归属和爱的需要、尊重需要、自我实现需要。其中自我实现需要是超越性的,追求真、善、美,将最终导向完美人格的塑造。马斯洛强调,教育的功能、教育的目的,追根究底就是人的自我实现,是人所能达到的最高度的发展,即帮助人达到他能够达到的最佳状态。他把完善的人性教育作为人本教育的基本内容,注重儿童的需求,相信儿童的潜力。

在1943年发表的《人类动机理论》中,马斯洛把人的需要由低到高分为五个层次(图1-8),其中追求最高级的两个层次——"尊重需要"和"自我实现需要"成为人生活的主要意义,这就是基本的人性。人在自我实现的创造性过程中,会产生出一种"高峰体验"的情感,这是最激荡人心的时刻,是人的存在的最高、最完美、最和谐的状态,此时的人具有一种欣喜若狂、如醉如痴的感觉。课堂上如果能够满足学生的尊重需要和自我实现需要,让学生发现自己的这种最高价值,就可能在学生的内心不断地强化这种价值需求,从而使学生产生学习的高峰体验,进而产生学习的热情、信心,并由此激发出强大的内驱力,推动学生主动学习,使课堂变成一个巨大的"引力场"。在这"引力场"里,

---

[1] 傅国亮. 生本教育是当前教育改革发展的一种主流理论和实践模式[J]. 人民教育,2012(Z1):6-8.

学生不再是一群听课、记笔记、做题的"做题家",而是对知识充满好奇和探索欲望,渴望表达自我、展现自我的"梦想者"。

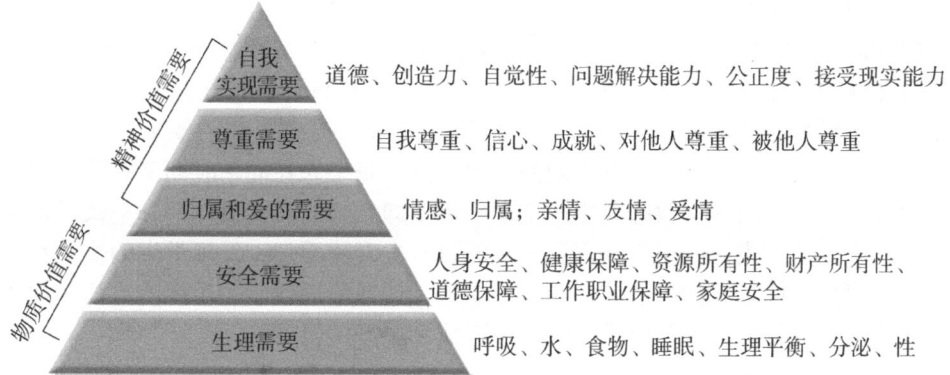

图 1-8 马斯洛的需要层次理论

3. 多元智能理论。

1983 年,美国心理学家霍华德·加德纳提出了多元智能理论。多元智能理论认为,作为个体,每个人都同时拥有相对独立的八种智能,但每个人身上的八种相对独立的智能在现实生活中并不是绝对孤立、毫不相干的,而是以不同方式、不同程度有机地组合在一起。正是这八种智能在每个人身上以不同方式、不同程度组合,使得每一个人的智能各具特点。

八种智能分别是:①言语——语言智能(verbal-linguistic intelligence),指听、说、读、写的能力,表现为个人能够顺利而高效地利用语言描述事件、表达思想并与人交流的能力。②音乐——节奏智能(musical-rhythmic intelligence),指感受、辨别、记忆、改变和表达音乐的能力,表现为个人对音乐包括节奏、音调、音色和旋律的敏感程度,以及通过作曲、演奏和歌唱等表达音乐的能力。③逻辑——数学智能(logical-mathematical intelligence),指运算和推理的能力,表现为对事物间各种关系,如类比、对比、因果、逻辑等关系的敏感度,以及通过数理运算和逻辑推理等进行思考的能力。④视觉——空间智能(visual-spatial intelligence),指感受、辨别、记忆和改变物体的空间关系并借此表达思想和感情的能力,表现为对线条、形状、结构、色彩和空间关系的敏感度,以及通过平面图形和立体造型将它们表现出来的能力。⑤身体——动觉智能(bodily-kinesthetic intelligence),指运用四肢和躯干的能力,表现为能够较好地控制自己的身体、对事件能够作出恰当的身体反应,以及善于利用身体语言来表达自己的思想和情感的能力。⑥自我认知智能(intrapersonal intelligence),指认识、洞察和反省自身的能力,表现为能够正确地意识和评价自身的情绪、动机、欲望、个性、意志,并在正确的自我意识和自我评价的基础上形成自尊、自律和自制的能力。⑦人际关系智能(interpersonal intelligence),指与人相处和交往的能力,表现为觉察、体验他人情绪、情感和意图并据此作出适宜反应的能力。⑧自然观察智能(naturalist intelligence),指个体辨别环境(不仅是自然环境,还包括人造环境)的特征并加以分类和利用的能力。①②

多元智能理论给学校教育及教师的课堂教学提出了新的要求。该理论认为,人的智力在不同时期有不同的发展特点,每个人在同一时期又有不同的智力发展特征。因此,教师需要改变学生观,即教师应改变以往用一把尺子衡量每位学生的方式,而要用赏识和发现的眼光去看待学生,发现学生的优点和长处,根据每位学生的智能优势和智能弱势,选择最适合学生个体的方法,促进学生潜能的开发,最终促进每位学生都成为更好的自己。

4. 学习金字塔理论。

学习金字塔(Cone of Learning)理论是一种现代学习方式的理论,最早由美国学者埃德加·戴尔在1946年首先发现并提出(目前流传的学习金字塔如图1-9所示)。他认为,学习效果在30%及其以下的几种传统方式都是被动学习,而学习效果在50%以上的都是合作学习、主动学习和参与式学习。

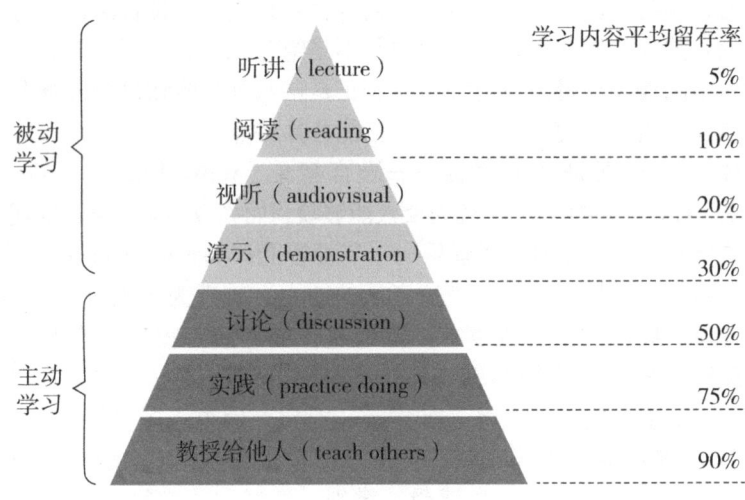

图1-9 学习金字塔

学习金字塔理论表明,不同的学习方式的学习效果区别很大,主动学习比

---

① 霍华德·加德纳. 多元智能新视野[M]. 沈致隆,译. 北京:中国人民大学出版社,2012.
② 彭聃龄. 普通心理学(修订版)[M]. 北京:北京师范大学出版社,2004.

被动学习的效率高很多,可见积极参与和实践才是最有效的学习方式。教师在教学中应避免单纯的讲授、阅读、做题的方式,而应采用任务探究、小组讨论等多种手段调动学生主动地参与学习。

5. 体验学习圈理论。

体验学习圈理论是美国学者 D. A. 库伯于1984年在《体验学习:让体验成为学习和发展的源泉》(Experiential Learning: Experience as the source of learning and development)中提出的经验学习模式。他认为,经验学习过程是由四个适应性学习阶段构成的环形结构(图1-10),包括具体经验(concrete experience)、反思性观察(reflective observation)、抽象概念化(abstract conceptualization)、主动实验(active experimentation)。①

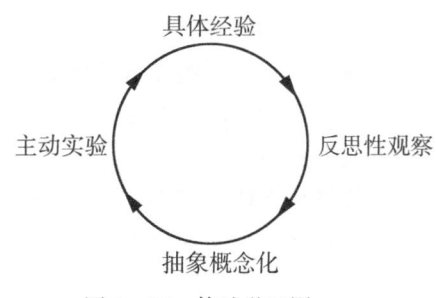

图 1-10 体验学习圈

具体经验是指让学习者完全投入一种新的体验;反思性观察是指学习者在停下的时候对已经历的体验加以思考;抽象概念化是指学习者必须达到能理解所观察的内容的程度,并且吸收它们使之成为合乎逻辑的概念;主动实验阶段,学习者要验证这些概念并将它们运用到制定策略、解决问题中。

该理论认为,每个人的内在性格、气质具有差异性,生活习惯、工作阅历、教育知识背景都不相同,从而导致每个学习者的学习风格不一致。因此,库伯将学习者的学习风格大致分为四类:经验型学习者、反思型学习者、理论型学习者和应用型学习者,并且发现和论证了体验学习的四种基本学习方式,分别是辐合式、发散式、同化式、顺应式。这几种类型的学习风格和学习方式不存在优劣之别,它们之间有一定的互补性、关联性。不同学习风格的人在各个阶段中所采用的学习方式有所不同,因此,教师应当根据学生的类型和差异采用个性化的教学设计方案。

此外,该理论认为集体学习比个体学习的效率高,崇尚开放式的学习氛围,反对把学习看作孤立和封闭的行为,倡导学习者之间的交流、沟通,重视学习者之间的相互启发、知识分享。正因为有不同学习风格,学习者能接收不同思想,他们对某种事物的看法才有不同观点,知识才会在思想碰撞中得以增加。这种集体学习的模式更有利于知识的生产和传播。根据体验学习圈理论,

---

① D. A. 库伯. 体验学习:让体验成为学习和发展的源泉[M]. 王灿明、朱水萍译. 上海:华东师范大学出版社,2008.

教师的课堂教学可以按照"学生获得体验—引导学生进行反思—过渡上升到理论知识—引导学生将学习所得应用于实践"这四个步骤设计并实施。

6. 深度学习理论。

深度学习(deep learning)的概念最早源于人工神经网络的研究,1976年瑞典学者马顿和萨乔将深度学习引入教育领域。相对于浅层学习而言,深度学习强调学习者对知识的深入理解和应用,而不仅仅是表面的记忆和重复的记忆;强调学习者的主动性和参与性,注重培养学习者的批判性思维、创新思维和解决问题的能力。

深度学习体现为学习者在身心层面的高度专注、完全沉浸以及全身心投入,它代表了一种积极主动的学习方式。深度学习的特征包括深层动机、切身体验、高阶思维、问题解决。第一,深层动机指驱动个体行为或决策的根本、内在的动力或需求,这些动机往往比表面上的原因或行为更加复杂和深刻。深层动机作为驱动因素构成了深度学习的起点与动力源泉。第二,深度学习发生在真实的具体情境中,因此深度学习的切身体验是一种丰富且深刻的学习过程,它触及个人的思维、情感乃至行为方式的深层次变革。在深度学习时,学习者能够长时间地、不受外界干扰地专注于某一主题或任务,全身心投入会让学习者对所学内容产生更深的情感连接和更强的认同感。第三,高阶思维是指高层次的思维能力,比如信息整合能力、批判性思维能力、创造性思维能力等。深度学习不仅仅关注知识的积累,更注重培养学习者的高阶思维能力,这些能力对于解决复杂问题、进行创新和批判性思考至关重要。第四,深度学习是一种注重问题解决的学习模式,它强调通过解决实际问题来驱动学习过程,让学习者在解决实际问题的过程中,主动探索、发现和应用知识,促进学习者的全面发展和成长。

在教育实践中,深度学习已经取得了显著的成效,如在STEAM教育中,深度学习理念被广泛应用于项目式学习、探究式学习等教学模式中。

7. 有意义学习理论。

有意义学习理论,也被称为"有意义言语学习理论"(the theory of meaningful verbal learning),是由美国心理学家戴维·奥苏贝尔提出的。它强调学习者在学习过程中主动构建知识的重要性。该理论认为,学习者通过将新信息与已有知识结构中的相关概念相联系,从而实现知识的有意义学习。有意义学习与机械学习相对,后者仅涉及记忆和重复,而前者则涉及理解和应用。奥苏贝尔提出了三个条件来促进有意义学习:学习者必须愿意学习,新信息必须与学习者已有知识相关联,学习者必须能够将新信息与已有知识相整合。

有意义学习的目的是使新知识获得心理意义,即融入学习者的认知结构,使其成为可被自由提取和灵活运用的知识。这种知识有机地镶嵌在学生的认知序列之中,学生的认知结构通过吸收新知识而不断得以扩展和重新组织。有意义学习是科学的、生动活泼的、积极思维的、高质高效的学习,它强调学生在学习过程中的主动性和自主性,以及认知结构对学习新知识的重要性。

通过有意义学习,学生可以更好地理解和记忆新知识,提高学习效果,并培养分析问题和解决问题的能力。因此,有意义学习理论在教育实践中具有广泛的应用价值。

8. 费曼学习法。

费曼学习法源于诺贝尔物理学奖获得者理查德·费曼。费曼学习法的核心理念是通过简化和传授概念来检验和巩固学习成果。它强调,如果你不能用简单的语言来解释一个概念,那就意味着你还没有真正理解它。因此,教是最好的学习方式,通过教授他人可以加深自己对知识的理解。

费曼学习法可以简化为四个单词:Concept(概念)、Review(回顾)、Simplify(简化)、Teach(教授)。费曼学习法的意义在于:①加深理解和查漏补缺——通过教授他人,学习者可以更加深入地理解所学知识,并发现自己的知识缺口;②提高记忆——将学到的知识用自己的话解释出来,并用简单的语言组织成一个流畅的故事,这可以大大提高记忆效果;③培养表达能力——费曼学习法要求学习者用简单的语言来解释复杂的概念,这有助于培养他们的表达能力;④构建知识体系——通过回顾和连接概念,学习者可以构建一个更全面的知识体系,从而更好地理解和应用所学知识。可以说,费曼学习法是一种简单而强大的学习方法,通过遵循其核心理念和具体步骤,学习者可以更加高效地掌握所学知识,并提高自己的理解和表达能力。

(二)本原教育的理念拓新

教育理念是教育活动的指导思想,是对教育实践和教育思想的一种认知与理解。它涉及教育的目的、目标、价值以及实现这些目标的方式。相比于教育思想,教育理念则更侧重于对教育活动的理想化状态的追求,体现了教育者对教育活动的应然状态的看法和期望。它通常更加具体和明确,是教育者在教育活动中所秉持的信念和原则,对教育活动的实施和效果具有重要的指导作用。

本原教育是在多年的生本教育实践基础上,充分融合了人本主义心理学、多元智能理论、学习金字塔理论、体验学习圈理论、深度学习理论、有意义学习理论、费曼学习法等,结合实际校情而提出的校本教育理念。

1. "本原"的字源本义。

本,即根本。原,同"源"。本原,即根源、根由,哲学上指万物的最初根源。本原教育旨在厚生命之本，植文化之根，夯知识之基，存技法之正，砺思维之睿，成德性之美，最终归教育之真。

本原教育，顾名思义，是回归教育本质，以人的生命本能为本，以课程标准为原，实行国家课程学生化策略的教育。它倡导让学生成为自己学习的"老板"，即在学习过程中拥有更多的主动权与选择权，从而激发他们内在的学习动力与潜能。它强调回归教育的本质，即以学生为中心，关注其全面发展，注重培养学生的自主学习能力、批判性思维、创新精神和社会责任感。

2. 本原教育的理念体系构建。

正如我国教育家叶澜所说，"教育活动不可能回避价值问题"[1]，我国正在进行的新课程改革也是以对当代中国社会发展和教育价值观变革的探讨为起点的。单一呈现在教科书上的知识不能塑造一个立体的、全面的人，因此新课程改革不能忽视教育教学层面的育人价值。本原教育基于八大理论根源，从重构教育价值观着手，确立了本原教育的理念体系（图1-11），探究以学生为中心的教育观、教学观、教师观、学生观、课堂观、课程观，进而从不同角度开发和转化育人价值。

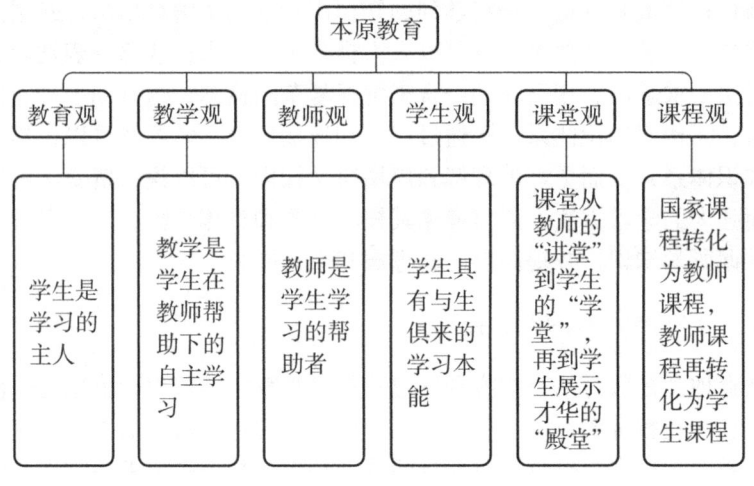

图1-11 本原教育理念体系

（1）育人目标。

在笔者看来，教师与学生的关系如同农民与树苗的关系。农民植树时，只需要把小苗根植于有阳光、水分和土壤的地方，然后浇水施肥、整枝打杈即可，不用过多担心小苗，更不需要天天去测量小苗的高度，因为小苗自身会依

---

[1] 叶澜.重建课堂教学价值观[J].教育研究，2002，23(5)：3-7，16.

托生命的本能落地生根,并苗壮成长。学生是教育的主体,是学习的主人。教育应凭借人的生命本能,调动学生学习的积极性,组织学生研学、互学、帮学,激发学生的发展潜能。在此基础上,我们把育人目标定为:培养有公民意识、合作精神和领袖才能的现代人。

(2)教育观。

本原教育坚持以学生为教育主体,使其作为教学实践中的核心参与者,积极发挥主观能动性、独立性、创造性。如果在种植小苗的过程中,农民频繁地施肥浇水,小苗反而会因营养过剩而过早衰竭。同样,教师如果忽视学生自我发展的无限可能性,过多地为学生提供知识,揠苗助长,就会导致学生丢掉想象的空间,失去内在积极性,最后事与愿违。因此,教师要看到并在内心真正承认、接受学生是一群拥有独立思想的人,而不能单纯把学生当作知识接受者、思想接受者,要组织学生进行自主、合作、探究学习,引导学生向知识的探索者和发现者转变,让学生成为学习的主人。

(3)教学观。

本原教育教学观认为,教学就是学生在教师的组织、引导下的自主学习。很多的知识、方法是由"根"长出来的,"根"是知识生长的地方和方法形成的地方,更是思维发生的地方。"根本不深,花叶不美。"学生学习知识要追根求本、推本溯源,切不可蜻蜓点水、浅尝辄止。教师要设置好简单、根本、开放的前置研究任务,鼓励学生先行研究,先会(意会)后学,先做后学,先学后教,以学定教,少教多学,直至不教而学。

本原教育认为教育的基础是发展人的情感和感悟。实施本原教育,能够让学生在原有的认识结构的基础上,从"根"中迸发思维火花,挖掘生命本能,从而在生长过程中发展感悟,拓展精神生命,形成新的认知结构(图1-12)。当学生原有的认知结构与学习过程中的新概念、新信息、新感悟相碰撞时,就容易发生学习的迁移现象。教师应给予适当的帮助,使学习迁移产生积极的影响,这样有利于学生的主动学习,也体现出教育的价值——满足学生的需要。

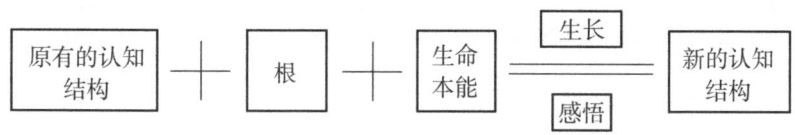

图1-12 认知结构的变化

(4)教师观。

本原教育认为教师的本领不仅仅在于传统意义上所谓的"传道授业解惑",

更在于激励、唤醒和鼓舞学生。教师是学生学习的帮助者，是撬动学生学习的"杠杆"，而不是牵引学生学习的"火车头"。因此，教师要找到杂乱、繁多的知识点的根，让学生从根出发去寻找知识的主干和脉络，给学生最多的时间、最大的空间，让学生积极、自由地学习。

（5）学生观。

人具有与生俱来的学习本能。在学习中，学生具有主动学习的能力，是最重要的教育教学资源，教学要全面依靠学生，要把学生培养成"教师型"学生。

（6）课堂观。

在尊重学生自主学习的条件下，通过充分的展示和互动交流，实现课堂从教师的"讲堂"到学生的"学堂"，再到学生展示才华的"殿堂"的转型升级，找回学生学习的强大动力，促使学生从内部产生一种自主的力量，使教学充满吸引力，使课堂充满活力，为学生的终身发展奠定基础。

（7）课程观。

课程要遵循国家课程"两级转化"的原则，即国家课程转化为教师课程，教师课程再进一步转化为学生课程。这一理念强调课程的动态生成性和适应性，确保教育内容与方式既符合国家的教育方针，又贴近学生的实际需求和认知水平。而学生课程作为这一转化过程的终端产物，不仅关乎学生学什么，还涉及如何学以及什么时间学等核心问题。

二、"三学课堂"的教学模式

教学模式是在一定的教育思想、教学理论和学习理论指导下，为达成特定的教学目的而围绕某一主题形成的比较稳定且简洁的教学构造理论框架及详细可操作的教学活动方式。它是教学理论与教学实践的桥梁，没有教学模式的支撑，教学理论指导的教学实践很难落地。因此，课堂需要一定的教学活动序列和方法策略。美国学者乔伊斯和韦尔把众多教学模式归纳为四种根本类型：第一类是信息加工教学模式；第二类是个性教学模式；第三类是合作教学模式；第四类是行为控制教学模式。

（一）"三学课堂"的逻辑关系

"三学课堂"是基于本原教育理念而构建的课堂模式。它尊重学生的主体地位，主张以学生为中心，注重自主学习，强调合作学习和教师角色转变，从而激发学生学习的主动性和积极性。"三学"是指前置研究、团队互学和教师帮学。在"三学"过程中，教师帮学贯穿始终，这种教学模式称为"三学课堂"

教学模式，简称"三学课堂"（图1-13）。

研究是让学生通过研究的方式自主学习国家课程，掌握基本知识、技能、方法，系统化建构基础知识图谱；互学涵盖团学和群学两个层面，让学生就重难点问题通过小组合作交流的方式解决存疑点、突破关键点，通过展示与质疑活动，实现群学，力求达成共识；帮学是指通过教师的点拨与指导，提升学生的整体认知，这是课堂的点睛之处。它们是课堂教学经历的三个环节，但三者并非呈线性点状排列，而是环环相扣，各有侧重，相互渗透，共同构成一个完整的教学过程。

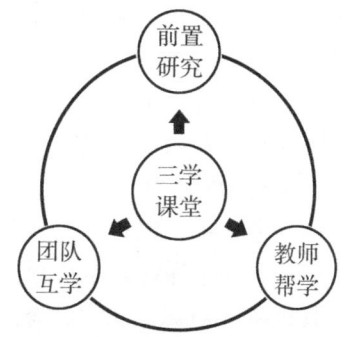

图1-13 "三学课堂"教学模式图

其中，研究是"三学"的核心，是课堂实现育人目标的前提。从知识层级来看，研究是建构知识图谱的基础，互学是解决重难点知识的路径，帮学是知识的生长通道；从能力层级来看，研究是梳理和提炼，互学是分析和探究，帮学是提升和产出。"三学"的目标是让学生把学习内容、学习思维由低层级推向更高层级，提升学生的知识迁移能力，达到输入与产出相统一，实现学生学习的整体进步，满足他们的个性化发展需求。

（二）"三学课堂"的内涵

"本原三学"之"三学"具有三个内涵：一是"积极学习"，即学生全身心地参与学习、探究观念、解决问题，并在实践中运用所学内容，使学习变成发自内心的活动。二是"深度学习"，即学习者积极地探究、反思和创造，而不是反复记忆。在理解学习的基础上，学习者能够批判性地学习新的思想和事实，将它们融入原有的认知结构中，在众多思想间进行联系，并将已有的知识迁移到新的情境中，作出决策和解决问题。三是"独立学习"，学生在学习过程中逐步摆脱对教师的依赖，自主选择、自主思考、自主提问、自主领悟。如果是经过学生个体思考可以习得、领悟的学习内容，应该依靠其个人能力独立完成。以高中阶段为例，"本原三学"教学模式具体体现在以下几个方面。

第一，"教"与"学"的关系上，"本原三学"从全面依靠教师的教转向更多地依靠学生的学，实现"教"与"学"的统一。"教"与"学"相互联系、相互依存，二者共同居于教学统一体中，在实质上是合一的。然而，部分教师在设计课堂教学内容时，只着眼于自己如何教，而不是学生如何学，教学时只管按照自己的意思去教学生，不顾及学生的兴趣及认知规律，造成了"教"与"学"的割裂。陶行知先生曾批判太重视"教"而导致了"教"与"学"的分离,"先生只管教,学生只管受教,好像是学的事体,都被教的事体打消掉了。论起名字来,居然是学校;讲起实在来,却又像教校。这都是因为重教太过,所以不知不觉地就将教和学分离了"。"本原三学"强调教师"教"的思路与学生"学"的思路应尽可能有机统一起来,把分离的"教"与"学"统一起来,解决了传统教学中少、慢、差、费和单纯追求知识的问题。

第二,高中课程教学目标上,"本原三学"坚持以学生发展为本的教学目标,真正体现知识、能力、态度三个方面的有机整合。苏联教育家赞可夫提出,教学的目的就是以尽可能大的教学效果促进学生的一般发展。他尤其强调,"一般发展"不但发展学生的智力,而且发展学生的情感、意志品质、性格和集体主义思想。"本原三学"通过激发学生的主体学习意识,促进学生多方面的发展。

第三,高中教学主体上,"本原三学"突出学生在教学中的主体地位。教学是由教师、学生、教学内容、教学手段等要素形成的统一体。各种要素相互作用、相互制约、相互影响,因而形成了多种教学矛盾。在诸多教学矛盾中,教师的"教"与学生的"学"是教学过程中的主要矛盾。"教"与"学"的矛盾关系一般表现为:"学"是矛盾的主要方面,处于主导地位,规定着教学的可能性质与进程,体现着教学的总体预想效果;而"教"则是矛盾的次要方面,处于辅从地位。"本原三学"思想体现了"教"的出发点和归宿都落在学生的"学"上,使"教"与"学"的矛盾得到了很好的解决。

第四,高中教学时间的安排上,"本原三学"提供更多的时间让学生自主学习。教学时间作为教学过程中一个相对恒定的因素,是一种有限的存在,也是不能再生、复原的稀缺资源。教师"满堂灌"的时间多了,学生主动学习的时间必然会减少,就更谈不上为学生留出创造性学习的时间了。"本原三学"减少教师在课堂上讲授的时间,给学生以自由的时间和空间,让学生敢于去想象、动手,激发学生的创造欲望和动机,鼓励学生形成创造意识。教师要充分利用有限的制度化时间,并积极开发学生的自我学习时间。在自我学习时间内,学生可以作为自然学习体参与到教学之中,按个人兴趣在教师指导下进行有目的的学习。

第五,高中教学过程中,"本原三学"强调以学定教、顺学而教。这样的教学过程改变了教学起点,即将教学起点从教师、教材转向了学生,具体转向了学生的学情分析,关注学生的教学需要。教师在了解学生学情的基础上,适时地进行教学内容、教学方法的调整与选择。这样使"教"的工作与"学"的活动构成了有机的教学关系,也使教师的"教"更具有针对性。

第六,高中教学内容上,"本原三学"突出教学内容的探究性、问题性及生活性。"本原三学"改变先前重视教学内容数量的观念,淡化知识的系统性,精心设计教学内容,让学生在提出并解决问题的过程中有更宽广的时空吸取需要的知识。教师遵循探究性、问题性、生活性的原则设计教学内容,帮助学生与教学内容展开深层次的"对话"。

三、"三学课堂"的教学策略

教学策略是实施教学过程的教学思想、方法模式、技术手段这三方面动因的简单集成,是教学思维对其三方面动因进行思维策略加工而形成的方法模式,是为实现某一教学目的而拟定的、付诸教学过程而实施的整体方案。它包括合理组织教学过程,选择详细的教学方法和材料,拟定教师与学生所恪守的教学行为程序。

主要教学策略有先行组织者教学策略、少教多学教学策略、支架式教学策略、启发式教学策略、"三化"教学策略、基于 Internet 的探究式学习策略、协作学习策略等。

教学模式与教学策略

　　教学模式与教学策略都是教学规律、教学原理的详细化,都拥有一定的可操作性。教学模式依据一定的逻辑线索指向整个教学过程,拥有相对的稳定性。教学策略本身是灵活多样的,但其构造性显得不足,往往指向单个的或局部的教学行为。

（一）先行组织者教学策略

先行组织者教学策略是教育心理学中的一个重要概念，由美国教育心理学家奥苏贝尔于1960年提出。先行组织者是指安排在学习任务之前呈现给学习者的引导性材料，它具有比学习任务更高一层的抽象性和统摄性。呈现这种引导性材料的目的在于用先前学过的材料去解释、融合和联系当前学习任务中的材料，为新的学习任务提供观念上的固着点，从而有效地促进有意义学习的发生。

先行组织者教学策略的实施通常包括：首先，根据教学内容和学生的认知结构，选择适当的先行组织者；其次，在学生学习新知识之前，先呈现先行组织者；然后，引导学生学习新知识，即通过比较、分析、综合等方式，将新知识与先行组织者联系起来，形成新的认知结构；最后，巩固与应用，即通过练习、讨论、实践等方式，巩固学生对新知识的理解和应用能力。同时，也可以引导学生将新知识迁移到其他相关领域或情境中。

先行组织者能够帮助学生将新知识与旧知识联系起来，形成新的认知结构，从而促进有意义学习的发生；引导学生快速进入学习状态，减少无效学习时间，提高学习效率；鼓励学生主动思考、积极探索，有助于培养学生的自主学习能力和创新精神。

（二）少教多学教学策略

少教多学，从字面上理解即教师少教、学生多学。"少教"不是让教师投入得更少，更不是弃学生于不顾，而是指教师教得有针对性、教得有启发性、教得有发展性。"多学"是指学生在教师的引导和时间的保证下，走向独立学习、主动学习、合作学习和深度学习，即通过指导、帮助、合作促进学生自主发展。少教多学是教学理念和教学形式的变化，强调的是对高效教学境界的追求。

少教多学注重的是一种可持续发展能力的培养，它意味着更少地依赖于死记硬背的学习、反复的考试和"以不变应万变"的教学方式，更多地关注经验式的发展、自主学习的程度、差异化教学的效果和终身技能的培养。它重视学生思维、态度、性格和价值观的形成，力图通过创新且有效的教学方法和策略来塑造学生健全的人格。少教多学触摸到了教育的核心——为什么教、教什么以及怎样教，即构建有利于学生发展的课堂教学模式，促使学生养成主动学习的良好习惯；通过自主学习、合作学习、探究学习来让学习者成为学习活动的真正主人。

特别需要说明的是,"少教"与"多学"不是条件关系,更不是对立关系,而是辩证统一的整体,是共生共长的关系。教师要在"少"上多研究,做到能"让"会"引",确保"让""引"并重;学生要在"多"上下功夫,做到善学真思,确保学思结合。在具体的教学过程中,教师要把"少教"与"多学"有机地融合起来,根据教学内容的具体情况和不同的教学目标,从整体上考虑时间的分配,而不是简单地切割每节课的时间。"少教"要少而有度,"多学"要有思维含量。

本原教育基于生本教育的实践,采用少教多学的方式,一方面符合生本教育的让学生"好(hǎo)学"的理念,另一方面是经过实际教学得出的真实经验,是能够被证实的有效的教学途径。在实际的教学应用中,采用少教多学的方式要依据学科情况和学生情况,着眼于学生的最近发展区,以学定教,顺学而教。

(三)支架式教学策略

支架式教学策略是一种基于建构主义学习理论和维果斯基(Lev Vygotsky)的"最近发展区"理论而逐步衍生出来的教学策略,具体而言,是指教师或更有能力的同伴为学习者提供支持,以帮助他们完成超出自身能力水平的任务。这种支持在形式上类似于建筑行业中使用的脚手架,为学习者提供一个暂时的但必要的支持框架,以便他们能够逐步攀升并掌握知识。随着学习者能力的提高,这种支持逐渐减少,最终让他们独立完成任务。

支架式教学策略强调学生的主体地位,关注学生的需求和兴趣,旨在培养他们的自主学习能力;强调通过搭建支架,帮助学生逐步深入地理解知识,提高他们的认知水平;强调师生互动和生生互动,这有助于形成良好的学习氛围和师生关系。支架式教学策略是一种以学生为中心、注重个体差异和自主学习能力培养的有效教学策略。在实际教学中,教师应根据学生的实际情况和教学内容,灵活运用多种类型的支架来支持学生的学习。

(四)启发式教学策略

启发式教学策略是指教师在教学过程中,根据教学任务和学习的客观规律,从学生的实际出发,采用多种方式,以启发学生的思维为核心,调动学生学习的主动性和积极性,促使他们生动活泼地学习的一种教学指导思想。它是一种以学生为主体,强调通过激发学生的思维活动,引导他们主动探索和学习的教学方法。该策略的特点包括:强调学生是学习的主体——教师不再是单纯的知识传递者,而是学生学习过程中的引导者和促进者;重视问题情境的创设——通过设计具有启发性的问题或情境，激发学生的学习兴趣和探究欲；采用多样化的教学形式——如讨论、探究、实验等，以促进学生思维的发展；强调过程评价——关注学生在学习过程中的表现和进步，而不仅仅是最终的学习成果。

此外，还有"三化"教学策略等多种教学策略。"三学课堂"以少教多学教学策略为主，综合其他各种策略，让各学科教师结合学科特点、自身教学风格、学生学情分析等情况灵活开展教学。

四、"三学课堂"的教学方法

教学方法是教师和学生为了实现共同的教学目的，达成共同的教学任务，在教学过程中运用的方式与手段的总称。我国常用的教学方法有讲授法、谈话法、讨论法、演示法、练习法、实验法、强化法等。

教学方法与教学策略

教学方法是师生互动的方式和举措，最为详细，最具可操作性，某种程度上能够看作是教学策略的具体化。同时，教学方法也是在教学原则的指导下和在总结经验的基础上形成的，具有一定的独立性，其形成和运用受到教学策略的影响。教学策略不单表现为教学的程序，而且包含对教学过程的元认知监控和自我调整，在外延上大于教学方法。

"本原三学"摒弃了传统的讲授法，在"三学课堂"模式下灵活、综合采用各种教学方法。例如讨论法，"三学课堂"中的团队互学便采用讨论法，让学生进行小组讨论；演示法，学生通过前置研究，自学之后在课堂上进行演示。

面向未来的教育是以人为教育改革出发点的教育，而我们的责任就是要为学生播下未来的种子。而基于本原教育的"三学课堂"，便是深化课堂教学改革的重要探索与实践，它引导着学生走向未来。

第三节　课堂如何走向"三学"

课堂是实施素质教育的主阵地，是学生获取知识、师生共同交流和成长的关键平台。课堂教学的重要性不言而喻。好的课堂教学的落脚点必定是学生。虽然随着课堂教学的改革浪潮，部分教师已有意识并作出行动，改变"满堂灌"的课堂教学现状，但是目前课堂改革并不充分，要想作出新的改变，我们就要看到当下课堂教学中存在的各种弊端，有目标地掀起"课堂革命"。

笔者根据现实情况，发现当下的课堂教学存在以下几种情况：一是教师凭经验、感觉设计教学，对学情把握不准，不了解学生需要，造成课堂教学针对性不强，课堂重点、难点把握不准，不能以学定教。二是教师专业素养、能力不够，对教学内容的认识、理解不到位，缺少对学生学科思维、学科思想的培养。三是教师教学理念与方法陈旧，往往是为答案而教，为结果而教。代替、告诉、漫天撒网、面面俱到等教学行为，超出学生的学习最近发展区，忽视对学生良好思维习惯的培养及对可迁移知识的关注。四是没有针对不同层次学生的不同需要布置作业，"一刀切"的做法无法有效提升学生的能力。另外，还有部分教师盲目追求"自主学习"，对教学内容和方法缺少精心的规划和预设，教师完全被学生牵着走，对学生的学习结果不加以评价，教师的主导地位丧失。从学习方法来看，课堂出现了"伪探究合作"式的小组学习，学生随便讨论，教师随便总结，学生的能力根本得不到有效提高。

上述种种不良现象的症结在于：一是"多讲少学"，课堂上教师讲得多，学生读得少、悟得少，无法培养出学生的自主创新能力。二是表面上教师似乎在实施"少教"策略，但实质上是以牺牲学生的学习兴趣为前提的"少教"，或以学生无指向、低效地学习为结果的"少教"。这样的"少教多学"，无法保障学生的学习质量。

一、"三学课堂"的三环节

在"三学课堂"中，每节课教学都要经历"前置研学（交叉检查）—团队互学（组内、组间交流）—教师帮学（引导点拨）"环节。下面以高中数学"几何概型"教学为例加以说明。

扫一扫，观看《几何概型》教学视频

（一）前置研学

前置研学又称前置性小研究或前置性学习，是指导学生先学的重要方案，即教师将下一节课要学习的内容以前置研究的形式提前布置，让学生在课前根据自己的知识水平和生活经验进行尝试性探索和学习，为新课学习做准备、做铺垫与做指引。

前置研学的内容是前置研究，简单、根本、开放的前置研究为学生课堂深入交流打下能力基础。前置研究设计遵循简单、根本、开放的原则，以研究的方式对教学内容展开探讨、思考或体验，以学生"好（hǎo）学"为出发点和归属，以学生能学为前提，让学生围绕前置研究自主解决50%以上的问题，并标注出疑难问题；同时鼓励学生课前独立学习与自主研究，进而形成自己的想法和疑问，以此实现学生先学、学生"好（hǎo）学"。也就是说，前置研学的条件是要基于学生的最近发展区，目的是有效促进学生的最近发展区的发展，并为课堂正式学习谋定能力起点与能力发展方向。

前置研学的要求：课前，学生围绕前置研究进行独自学习，自主解决至少50%以上的问题，并标注出疑难问题。课堂上，小组要对学生个人完成前置研究的情况进行交叉检查，教师要对前置学习情况作出评估。拒绝零起点课堂，坚持"不做不议"，即前置研究开展得不好，不要进行下一环节的团队互学，不可以组织学生进行小组讨论。根据实际情况，也可以在课中做小微前置研究，课中的前置研究难度不宜过大，时间不宜过长。

前置研学不仅体现出一种时间顺序，更表明了以学为根本的地位。通过前置研学，学生对课程内容有了一定程度的理解和把握，同时对概念的知识、能力的盲点更加清晰、明确。在教学中，对几何概型概念知识理解的盲点是学生的最近发展区，也是教师课堂施教的精准起点和支点。所以，前置研学不仅为课堂学习做了准备，而且赋予了学生课堂学习的主动权，让学生在自主学习的过程中，获得知识的初步自我构建，以及一种愉悦、成功的体验。长此以往，学生自学的兴趣就越发浓厚，自学的能力也随之不断提高。

（二）团队互学

少教多学不仅是教学形式的变化，更是教学理念的变化。少教多学是课堂教学的一种价值取向，强调的是教师要缩短课堂控制、包办、代替的时间，把交流、表达、反思、展示的机会还给学生。就从团队互学这一环节来说，少教多学在实施中要达到如下目的：一是解决教师凭经验、感觉设计教学，对学情把握不准，不明确学生需要，从而造成的课堂教学针对性不强、课堂重难点把握不准、不能以学定教等问题。二是改变教师为答案而教、为结果而教的陈旧理念。如果说前置研学的目的是让学生对课堂学习内容有相对应的理解与把握，为课堂的深入学习奠定基础，那么前置研学中的学习盲点就是为后面的学习指明方向。而团队互学则是通过小组协作的方式，充分利用集体的智慧与能力，解决前置研学中的大部分问题。它能够将学生在初步自学阶段所达到的最近发展区进一步推进，更有效地促进学生学习思维的成长，并为学生在课堂上的深入探究提供思维的出发点。

（三）教师帮学

教师帮学指在"本原三学"的学习过程中，教师要适时"帮学"，即关注全体学生状态，能抓住课堂生成性资源，在知识生长处、方法形成处和思维发生处发力，要引导、点拨、纠偏和补漏，帮助学生提炼知识、提升能力，为学生指明学习方向。也就是说，在指导学生"画龙"的过程中，教师要在关键之处"点睛"，要对学生个体、学习小组作出激励性评价。教师在学生展示过程中，要做到"不愤不启，不悱不发，不辩不拨"。

以下面的题目讲解为例，学生在分享交流成果的过程中，教师要适时点拨，引导学生思维走向深处。

题目：甲、乙两船驶向一个不能同时停泊两艘船的码头，它们在一昼夜内到达该码头的时刻是等可能的。如果甲船停泊时间为 1 小时，乙船停泊时间为 2 小时，求它们中任意一船都不需要等待的概率。

师：这道题和书上小明爸爸看报纸那道题的几何概型一样，是它的一个延伸。大家有思路吗？发表一下你们的看法。

生：这道题有两个变量，即甲船到达时间和乙船到达时间，这属于一种典型的交叉型问题。我们应该用坐标轴来解决，用坐标轴分别代表甲船和乙船到达的时间，找出一个范围，然后用这个范围来解决概率问题。

师：好，如果我们假设甲船到达的时间是 x，乙船到达的时间是 y，那么，$0 \leqslant x \leqslant 24$，$0 \leqslant y \leqslant 24$。要是两船都不需要等待，那甲船比乙船早到达 1 个小时以上，或者乙船比甲船早到达 2 个小时以上。我们可以列出相应的不等式，然后画在平面直角坐标系上（图 1-14）。

$$\begin{cases} 0 \leqslant x \leqslant 24 \\ 0 \leqslant y \leqslant 24 \\ y \geqslant x+1 \end{cases} \text{或} \begin{cases} 0 \leqslant x \leqslant 24 \\ 0 \leqslant y \leqslant 24 \\ y \leqslant x-2 \end{cases}$$

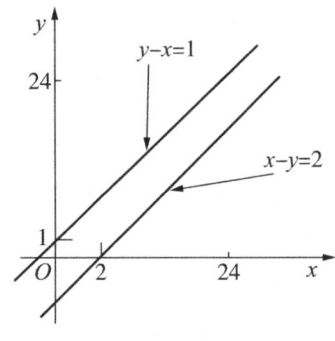

图 1 – 14

生：一天有 24 小时，可以画出一个边长为 24 的正方形（设区域为 Ω），利用以前学习过的线性规划知识，画出不等式表示的区间，这个（设阴影部分为 A）就是它们（两船）不重合的时间（图 1 – 15）。我们可以根据图形，利用几何概型计算它们不重合时间的概率。

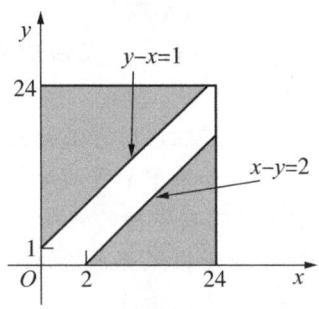

图 1 – 15

板书：$P(A) = \dfrac{A \text{ 的面积}}{\Omega \text{ 的面积}} = \dfrac{\frac{1}{2} \times (24-1)^2 + \frac{1}{2} \times (24-2)^2}{24^2} = \dfrac{506.5}{576} \approx 0.879$

师：他的解答非常精彩。他把时间问题转化成面积问题，他是怎么巧妙转化的呢？这里有两个变量，即甲船到达的时间 x 和乙船到达的时间 y，x 和 y 的变化范围都是 0～24，这样就得到了一个正方形。甲船比乙船早到达 1 个小时以上，就得到 $y \geqslant x+1$，得到了一个三角形。乙船比甲船早到达 2 个小时以上，则得到 $y \leqslant x-2$，又得到了一个三角形。把两个三角形面积加起来，就是满足事件的典型几何概型。

新课程的教学观认为，课堂教学是一种教与学的交往和互动，师生在教与学的过程中互相交流、互相启发、互相补充。教师由知识的传授者转变为学生学习的引导者和学生发展的促进者，这种促进者角色的关键就在于进行有效的教学设问、追问和点拨。在具体的教学里，教师要把"少教"与"多学"有机融合起来。教师唯有"少教"，少而有度，才能保证学生"多学"的思维含量。当教师把握住"少"，做到能"让"会"引"，在引导、点拨、纠偏、补漏过程中就能保证学生在"多学"中做到善学真思，更好地发展数学思维。

为了让学生有"才"可"展"，就要把学习的权利还给学生，就要把传统的教师"雄霸"的"讲堂"变成以学生为主的"学堂"。综观"三学课堂"整个学习流程，一明一暗两条线在引导着学生自主进行课堂深度学习。明线是学生学习空间的延伸变化，从个体学习到团队学习，在这种空间变化中，学生始终是主角，而教师是学生学习的引导者和促进者，从而保证学生的课堂学习主体地位。暗线是学生的学习最近发展区的延伸，每一个环节都以前一个环节中形成的最近发展区为教学起点：一是充分创设前置研究，通过前置问题激发学生求知欲；二是关注学生的思维发展，为学生的自主探索与合作交流搭建平台，使学生主动参与数学课堂活动，积极体验、合作交流、自主探究，形成师生互动的教学氛围。明线与暗线共同为学生的思维发展谋定了准确的方向，通过针对性的启发、解惑促使学生更加有效地解决问题，帮助学生深入课堂学习，调动学生学习的主动性。"三学课堂"是以前置研究为前提的少教多学教学模式，通过自主学习、合作学习、探究学习，让学习者成为学习活动的真正主人，触摸到教育的核心——为什么教，教什么，以及怎样教。

二、"三学课堂"的四流程

一堂课的时间是有限的，如何充分利用有限的时间最大限度地发挥课堂教学的效用，关键是要把握好教学环节。"三学课堂"教学模式中，每节课要经历"前置研究（交叉检查）—合作探究（组内交流）—展示质疑（组间交流）—激励提升（教师点拨）"四个流程。各学科在进行教学设计时可以根据本学科、本课时的特点对四个流程进行具体调度，求同存异，在掌握四个流程的基础上体现出学科特色。

为更好地理解这四个流程的内在关联，下面以广州市增城区仙村中学汤吉晴老师的高中数学"由递推公式求数列通项公式a_n"的授课为例，探讨四个流程在课堂教学中的设置和作用。数列是高中数学重要内容之一，数列模块也是高考的重难点，对学生来说是比较难学习的部分。递推公式是认识数列的一种重要形式，是给出数列的基本方式之一。其中，化归思想是本课时的重点数学思想方法,也是解决数学问题的基本思想方法,解题的过程实际上就是转化的过程。因此,研究"由递推公式求数列通项公式 a_n"中的数学思想方法是十分必要的。

汤吉晴老师所任教的班级是普通文科班,有些学生思维水平相对较好,具有一定的分析、解决问题的能力,但学生的数学基础和计算能力较弱,因此对试题的分析和解决要在教师的引导下慢慢训练。

(一)前置研究

课前,学生围绕前置研究,自主解决50%以上的问题,并标注出疑难点。课堂上,本环节小组间要交叉检查,教师要作出评价。形式和内容因学科而异,拒绝零起点课堂,遵循"不做不议",即前置研究开展得不好,不要进行下一环节组内交流。

前置研究主要是为了激活学生而不是"教死",是为了避免思维方式的单一化、同质化、模式化。学生只有"先学",有了"对话的基础",大脑充实了,才可能更好地思考,才可以展开小组讨论,思维才能在碰撞中产生火花。

前置研究是本原课堂的基础。很多教师把前置研究等同于传统教学模式中的预习,认为设计前置研究和布置预习一样,这就造成了以下两种误区:其一,设计前置研究时,主要是让学生完成教材中的本课练习,这样多的练习,导致学生还没上课就已经对新课失去了兴趣;其二,部分教师拒绝设计前置研究,认为学生提前接触知识会降低对新课的兴趣,因而更倾向于自己直接讲授。前一种误区导致基础差的学生厌倦学习,基础较好的学生已经完成课堂上的练习,在课堂上只剩下核对答案,无法得到进一步的提高;后一种误区使学生尤其是基础较差的学生,在面对全新且缺乏先前知识与经验支撑的学习内容时,往往会感到难以理解,甚至在读题过程中遇到重重障碍,这样很容易让学生失去学习的兴趣和欲望。所以,教师要正确、合理地设计前置研究,不能把前置研究简单地等同于以往的预习。从目的来看,预习往往是让学生对将学的内容有所了解,更多的是接受现成的结论;而前置研究是以研究的方式对将学的内容展开探讨,更多的是展示自己的想法和疑问。从完成的方式来看,预习更多的是接受教材中的内容;而前置研究是以研究的方式思考问题、实践体验。从结果来看,前置研究是组织学生以研究的方式面对将学的内容,而不是把教材中的知识与结论简单地移植或者照搬。

例如,在"由递推公式求数列通项公式 a_n"这一课时中,教师设置了以下前置研究内容:

你能把由递推公式求数列通项公式 a_n 的常见题型整理出来吗?请举例

说明。

(1) $a_n - a_{n-1} = d (n \geq 2$ 且 $n \in \mathbf{N}^*)$，求通项公式 a_n。

题1：已知 $a_n - a_{n-1} = 2(n \geq 2$ 且 $n \in \mathbf{N}^*)$，$a_1 = 1$，求通项公式 a_n。

(2) $a_n = q \cdot a_{n-1} (n \geq 2$ 且 $n \in \mathbf{N}^*)$，求通项公式 a_n。

题2：已知 $a_n = 2a_{n-1} (n \geq 2$ 且 $n \in \mathbf{N}^*)$，$a_1 = 1$，求通项公式 a_n。

(3) $a_n = q \cdot a_{n-1} + d (n \geq 2$ 且 $n \in \mathbf{N}^*)$，q、d 均为常数，求通项公式 a_n。

题3：已知 $a_n = 2a_{n-1} + 3(n \geq 2$ 且 $n \in \mathbf{N}^*)$，$a_1 = 1$，求通项公式 a_n。

(4) 利用 S_n 与 a_n 关系，求通项公式 a_n，$a_n = \begin{cases} a_1, & (n=1) \\ S_n - S_{n-1}, & (n \geq 2) \end{cases}$，$n \in \mathbf{N}^*$。

题4：已知数列的前 n 项和为 S_n，且 $S_n = n^2 + 2n (n \in \mathbf{N}^*)$，求数列通项公式 a_n。

学生独立完成，然后小组内交流并上台展示自己整理的题型。此做法的意图是让学生在复习基础知识的同时，引入本课的重难点——分析递推公式，进而求数列通项公式，学生提前了解了新知识，就能减轻对新知识的畏惧感，增强接受度。

（二）合作探究

合作探究，就是同学们在前置研究的基础上，以小组为单位通过观察、思考、讨论等途径进行合作交流、探索研究并最终获得知识、形成自己概念的一种小组互学方式。"合作探究"讲求自主程度、合作效度、探究深度、参与广度，力求全体学生全面参与，教师巡查了解学生的学习情况并参与交流，遵循"不议不讲"原则，即组内交流不充分，不得进行组间交流、展示和讲解。这一环节能够真正解决教学中的重点和难点问题，增强教学的针对性。传统的备课，教学的重点和难点是教师预设的，难免带有主观成分，一些预设的重点和难点对学生来说可能并不准确。但是，经过合作探究环节，学生在探究中留下的疑难问题就会成为这节课教学的重点和难点，成为下一环节"展示解疑"的主攻问题。

德国哲学家卡尔·西奥多·雅斯贝尔斯（Karl Theodor Jaspers）在《什么是教育》中写道："从教育的意义上看，教师和学生处于一个平等地位。教学双方均可自由地思索，这是苏格拉底的'催产式'教育原则。也就是说，唤醒学生的潜力，促使学生从内部产生一种自动的力量，而不是从外部施加压力。"他还认为，世界上存在着三种不同的教育方法。第一种是训练，它与训练动物相似；第二种是教育和纪律；第三种是存在交往。在第一种方法(训练)中，人成为纯粹的客体；在第二种方法(教育和纪律)中，人处在相对开放的交往中，更确切地说是处在有计划的教育环境中；在第三种方法(存在交往)中，人将自己与他人的命运相连，处于一种身心敞开、相互完全平等的关系中。因此，训练是一种心灵隔离的活动；教育则是人与人精神相契合，文化得以传递的活动；而人与人交往是双方(我与你)的对话，这种我与你的关系是人类历史文化的核心。可以说，任何中断这种我和你的对话关系的行为，均会使人类萎缩。合作探究环节，就是通过课堂教学这一教育活动，将学生和学生联系在一起，进行平等的对话，共同探讨教学的重难点。例如，在"由递推公式求数列通项公式 a_n"这一课时中，设置了以下合作探究内容：

题目1：已知 S_n，求通项公式 a_n。

已知数列 $\{a_n\}$ 的前 n 项和为 S_n，且 $S_n = n^2 + 2n(n \in \mathbf{N}^*)$，求数列 $\{a_n\}$ 的通项公式 a_n。

学生补充：已知数列 $\{a_n\}$ 的前 n 项和为 S_n，且 $S_n = n^2 + 2n + 2$，求数列 $\{a_n\}$ 的通项公式 a_n。

题目2：利用 S_n 与 a_n 的关系求通项公式 a_n。

已知正数数列 $\{a_n\}$ 的前 n 项和为 S_n，满足 $a_n^2 = S_n + S_{n-1}(n \geq 2)$，$a_1 = 1$，求数列 $\{a_n\}$ 的通项公式。

在这个环节中，学生先独立解决问题，再以小组为单位在组内进行交流，然后各小组选择组员上台口述解题思路和过程并在黑板上书写解题过程。此做法的意图是让学生在探究中了解本课的教学难点——由前 n 项和求数列通项公式时注意检验第一项(首项)是否满足，若不满足，则必须写成分段函数形式；若满足，则应统一成一个公式。

（三）展示质疑

"展示质疑"作为"三学课堂"教学模式最关键的一环，是一个集问题提出、深入讨论、知识生成与实际应用于一体的综合性学习过程，尤其强调展示过程中的互动性、追求知识生成的价值性、讲求展示的实效性，旨在解决课堂教学的最关键的问题——如何使课堂变成"引力场"，解决学生学习动力缺乏的问题。听不到不同声音的课堂是不正常的课堂，没有尝试过错误的学习是不完整的学习。因此，教师要鼓励学生充分展示、大胆质疑，并由此对课堂进行两次升级，把传统的"讲堂"升级为"学堂"，然后把"学堂"升级为学生展示才华的"殿堂"。例如，在"由递推公式求数列通项公式 a_n"这一课时中，设置了如下拓展题目让学生展示质疑：

题目1：利用解方程来求通项公式a_n。

(2020届广州市高三文科数学调研节选)已知各项均为正数的数列$\{a_n\}$的前n项和为S_n，且满足$S_n^2-(2^n-1)S_n-2^n=0$，求数列$\{a_n\}$的通项公式。

题目1的意图是让学生通过方程的思想先得出前n项和，再由前n项和求出数列通项公式，并注意检验的情况及最后的化简问题。

题目2：a_n与S_n的拓展应用。

(2018届广州市高三文科数学调研)已知数列$\{a_n\}$满足$a_1+4a_2+4^2a_3+\cdots+4^{n-1}a_n=\dfrac{n}{4}(n\in\mathbf{N}^*)$，求数列$\{a_n\}$的通项公式。

题目2的意图是让学生通过换元(整体)思想对式子进行分析，以从特殊到一般、化繁为简、变陌生为熟悉的思想方法，有效解决问题。

在这个环节中，学生先独立解决问题，并在小组交流后，自行选择组员上台口述解题思路，并板书解题过程。其间，上台口述的学生可以向全体同学进行提问，全体同学也可以对其所讲的内容进行质疑。

(四)激励提升

在前三个流程里，教师根据小组内成员的表现，给予不同的分数，作出评价，进而激励学生。教师要选择合适的时机对学生进行引导、点拨、纠偏、补漏，帮助学生提炼知识、提升能力和指明学习方向。在展示质疑的教学环节中，教师应坚守"不辩不拨"的原则，这意味着若学生未主动提出疑问或展开辩论，教师就不宜过早介入指导。教师应致力于践行"不愤不启，不悱不发"的教育理念，即先鼓励学生自主思考，待到学生内心焦急求解却仍不得要领(愤)，或表达欲强烈却难以清晰阐述(悱)之时，教师再给予恰当的启发和引导。在课时的最后，教师要有意引导学生对所学知识进行总结和回顾，从而提升学生的学习能力。

例如，在"由递推公式求数列通项公式a_n"这一课时中，引导学生自行总结本节课所学的内容：

生1：由递推公式求数列通项公式a_n的常见题型有：①$a_n-a_{n-1}=d(n\geq 2$且$n\in\mathbf{N}^*)$；②$a_n=q\cdot a_{n-1}(n\geq 2$且$n\in\mathbf{N}^*)$；③$a_n=q\cdot a_{n-1}+d(n\geq 2$且$n\in\mathbf{N}^*)$，$q,d$均为常数，求通项公式$a_n$；④利用$S_n$与$a_n$的关系求通项公式$a_n$，$n\in\mathbf{N}^*$。

生2：数学方法有公式法(定义法)、构造法、解方程法；数学思想包括换元(整体)思想、方程思想、化归思想。

在这个环节中，学生自行总结，并在小组交流后，选择组员上台口述总结的结果，其他组成员进行相应的补充、提炼。此做法的意图是进一步提高学生的概括能力。

教师对学生的影响是无法估量的，教师不经意的一句话、一个举动，或许会断了学生的一门心思，让其生命走廊少开一扇窗户；也或许会激发学生的无尽创意，让其生命走廊多开一扇窗户。

在本课时的教学中，执教者把"以学生的发展为本"作为指导思想和出发点，结合学生的知识经验特点，采用"三学课堂"教学模式，充分创设前置研究，通过前置问题激发学生求知欲，促进学生的思维发展。

总的来说，"三学课堂"教学模式的四个教学流程正是在尊重学生自主学习的前提下，给予学生充分交流和展示的时间和空间，促使学生产生一种自我提升的能量，让学生求知欲高涨，使整个课堂充满了师生之间良好互动的氛围，真正实现了解决教学重难点的目标。基于这四个教学流程，笔者总结出如下"四流程课堂要诀"。

四流程课堂要诀

生本课堂我做主，快乐自主聚众智。
前置研究重感悟，保持安静严自律。
合作探究齐参与，要点难点大家议。
勇于展示最重要，有条不紊高声语。
面向师生要自信，抬头挺胸讲姿势。
台上台下多呼应，质疑碰撞有深度。
激励提升师之本，智慧求知增动力。
人人发言都主动，成长进步每一日。

教学设计是整节课的教学方向，为教学活动定下蓝图，其决定着教学进度、教学状态等。做好一份课堂教学设计，需要根据教学大纲和教学对象的特点，科学地制定出教学目标、教学环节等内容，合理、有效地利用各种教学资源。其中，每个教学环节的衔接要巧妙，这样才能使课堂教学流畅、自然，保持课堂教学的整体性和效率。"三学课堂"的四个流程相互依存、相互促进，共同构成了高效、互动的课堂教学模式，通过这种模式的教学，学生不仅能够掌握基础知识和基本技能，还能够培养自主学习、合作学习和探究学习的能力，为终身发展奠定坚实的基础。以下以语文学科为例，探讨四个流程的应用。

【前置研究】

美国教育家克莱恩认为："最佳的学习方法是先做后辨认，或是一边做一边辨认。"在学生没有用感官去接触学习对象时,会对所学内容缺乏感知,因此难以形成自己的认知,要想让学生"好(hǎo)学",就应当让学生尽量先做,这就是前置研究。课前,教师把下一节课将要学习的内容用前置研究的形式来布置,能有效提升学生的思维创新能力,让他们提前进入先学阶段,为后面顺利开展学习打下良好的基础。

例如,学生刚接触时评写作时的前置研究可以设计为:请每位同学摘录一则最近关注的时政热点,并找出有关此事的一则或几则评论,摘录其评论要点。时评写作结构前置研究可以设计为:请每位同学找一则你喜欢的时评文章,并大略分析写作结构,谈谈你为什么喜欢。时评议论段落写作前置研究可以设计为:每个小组选择一则时评材料,每位成员围绕材料的一个方面(原因、影响、意义、建议等)写200字的议论文段。学生在前置研究的过程中会浏览很多相关资料,开阔视野,以研究的方式展开对各种时评的辨别与思考,展示出自己的想法和疑问。

前置研究设计要遵循简单、根本、开放的原则。简单,即让学生"各有说法",让不同层次的学生都"有话可说",能引导学生先学,让学生"好(hǎo)学";根本,这是思维发生的地方,没有法则、没有条文,学生的思维不受条条框框的束缚,学习就自由而快乐了,教育就会呈现出生命的张力;开放,即让学生先学起来,从源头上把学习的权利还给学生,让学生自主学习、自主探究、自主构建。

在教育中,教师要做牵牛向草的牧者,带领学生向青草更青处漫溯。尊重每个学生的生命体验,这样,学生才能有更多、更精彩的体验。倘若教师把学生当作需要拉动的大舟,一点一点地带着去写作,学生也会亦步亦趋,久而久之,就没有了写作的兴趣与动力,也就不喜欢写作,甚至谈"写"色变。而在生本理念的指引下,教师只需引导学生去阅读、思考,告诉学生这里有一片"水草丰美的地方",学生自然就会按照自己的喜好去寻找自己的"水草",这就是前置研究的妙处。

【合作探究】

高质量的合作探究是课堂教学富有成效的前提,这种学习方式能让不同层次的学生互相启迪、互相质疑释疑、互相补充、互相促进,共同提高,还有利于尖子生的培养。例如,在写作时评议论文段时,他们确定一则时评材料后可以从不同角度讨论对同一事件的看法,然后分工协作,确定从哪几个角度论证会更有说服力,怎样论证才更深刻。小组合作探究留下的疑难问题可作为这节课教学的"重点与难点",成为下一环节展示质疑的主攻问题,这就增强了教学的针对性。合作探究环节能真正解决教学的重点和难点问题,增强教学的针对性。

合作探究能最大限度地满足学生自主发展的需要，让学生在"活动"中学习，在"合作"中增知，在"探究"中创新，给学生发展以最大的空间；能最大限度地减少教师的讲授，培养学生的创新精神、合作精神和解决问题的能力。

【展示质疑】

情境：高三(5)班的语文课堂上时时传出雷鸣般的掌声，大家都凝望着讲台，眼神里充满了赞许与艳羡，原来，一名同学正在讲台上滔滔不绝地讲述他的观点，并拿出课前准备的道具进行展示。同学们听得津津有味，时不时还发出爽朗的笑声。

这是一节展示课，小组合作探究后，一名同学上台展示，他发言时落落大方，声音洪亮，自信满满。陶行知先生说："为学而学不如为教而学。"学生上台展示，必须先自己掌握知识，"教人者教己"，受益的不仅是在座听讲的同学，受益最多的还是展示的同学。因为按照学习金字塔理论，"教别人"或者"马上应用"可以记住90%的学习内容。

刚开始，一般一个小组只有一名同学敢于上台展示，后来很多同学都要求上台表现。大家的积极性非常高，有的同学还专门研究了一下怎样的站姿最美，特意上台摆几个专属的造型；有的同学充分发挥自身的表达天分，讲话幽默诙谐，引得哄堂大笑；还有的同学精心准备服装、道具，每次展示都花样百出，惊喜层出不穷。整个课堂笑声不断，同学们越来越喜欢这种学习方式，越来越积极地表达自己的观点。甚至，连班上天天睡大觉的那名同学也要求上台，慢慢地，该同学的时评写作也能从230字写到600字了。由此可见，本原教育激活了学生们的思维。

有时候，课堂上还会出现这样的情况：某一个观点常常会受到同学们的质疑，于是一节展示课往往会变成一场小辩论赛。没有争论的课堂是不完美的课堂，争论使课堂变成"引力场"，让学生积极投身于学习，课堂也不再那么沉闷，学生也很快乐。只有教师舍得放手让学生去自我领悟，学生才能按照自己的思维方式快速掌握写作要领，才能将文章写得更加有条理、更加深刻。

【激励提升】

马斯洛认为人的最高需求是"自我实现的需求"，在自我实现的过程中会产生高峰体验，这时，人具有一种欣喜若狂、如醉如痴的感觉。一节课通过开放的前置研究、激烈的合作探究、展示质疑中的才华毕露，满足了学生"自我实现的需求"，让他们发现了自己的价值。这时候，老师的激励性评价更能强化学生成功的体验，不断地强化这种价值需求，从而让学生产生高峰体验，逐渐激发出学习的热情、信心、自豪感和成功的喜悦，并由此形成强大的内驱力。这就是"源头之水",一旦激活,拙笔亦能生花。

怎么评价呢?教师根据学生在前三个环节中的表现,对学生个体、小组、全班学习情况赋分。教师要充分观察学生的状况,运用激励性的语言,例如,"你的观点很正确""你的语言表达非常流畅""你的思路很清晰""你们小组的方法很有指导意义"等,侧重肯定亮点、欣赏优点,激励进步,增强学生自信。

同时,教师要能抓住课堂生成性资源,能在知识生长处、方法形成处和思维发生处进行有效引导、点拨、纠偏和补漏;教师要帮助学生提炼知识、提升能力和指明学习方向。在指导学生"画龙"的过程中,教师只需要在关键之处"点睛"即可。

总的来说,前置研究环节让学生在筛选题目时能大量地阅读、辨别,有所思考与感悟,这样既减轻了教师找题目的负担,也避免了教师出题的片面性,增加了内容的多样性;合作探究环节让学生充分与其他同学交流,学生们因思维碰撞产生火花而变得豁然开朗,部分内容在小组合作学习时就得以解决;展示质疑环节让学生充分展示自己的所思所得,于核心素养的提升有莫大的益处;激励提升环节,教师的释疑、激励性评价使学生的思想得到升华。用这样的教学方式打开学生的思维,就像激活了源头之水,学生积极地参与学习,主动投身学习活动,进而写出深刻、有条理的作文。

第二章

"三学课堂"的前置研学

第一节 前置研究的三大原则

近年来,在郭思乐教授创新的生本教育理念影响下,前置性作业渐渐引起了教育工作者的注意。前置性作业,顾名思义,就是在上课前布置作业。在教师讲授新课内容前,让学生根据自己的知识水平和生活经验进行尝试性的学习,从而为新课做预备、做铺垫、做引导。它不只引导学生怎样去预习,更重要的是引导学生怎样做好"先学",怎样进行知识"融合"。因此,在讲授新课之前,给学生布置系统性的前置性作业应成为课堂教学的第一个环节,它关系着高效课堂能否顺利地开展。本原教育鼓励先学后教、以学定教,前置性作业沟通了学生的"先学"和教师的"后教"。

"前置研究"是前置研学的内容,是前置性作业的具体实施方案,它以任务的形式呈现新课内容,引导学生开展研究性学习。不同于传统的预习案、导学案或上课案,前置研究贯穿整节课的教学流程,是指导学生先学的主要依据,是把教师课程变成学生课程的最重要的方案。其设计以学生"好(hǎo)学"为原则,以让学生"能学"为前提。要利用前置研究让学生进行先学,那就必须保证前置研究是"好(hǎo)学"的,所以,前置研究必须遵循简单、根本、开放的原则,从源头上把学习的权利还给学生。

一、简单原则

简单有两重含义:一是容易,二是大道至简。所谓容易就是便于理解和操作。只有把知识变得容易了,学生才"好(hǎo)学"。前置研究必须遵循简单原则。大道至简是指大道理(基本原理、方法和规律)是极其简单的,把复杂冗繁的表象层层剥离之后就是事物最本质的特征。下面以具体的前置研究为例说明前置研究的简单原则。

在"函数的最大(小)值"的前置研究中,教师通过案例1中的三组(六个)简单的函数,让学生画出函数的图象,指出图象的最高点与最低点,并思考其反映的数学本质是什么,从而引出函数的最值的相关概念,培养学生的数形结合思想。因这几个函数都是学生在初中就学过的函数,所以所有的同学都能动手操作,这体现出前置研究的简单原则。

案例1 "函数的最大(小)值"的前置研究

探究:请同学们画出下列函数的图象,指出图象的最高点、最低点,并思考它们能体现函数的什么特征。

(1) $f(x) = -x + 3$。

(2) $f(x) = -x + 3, x \in [1,2]$。

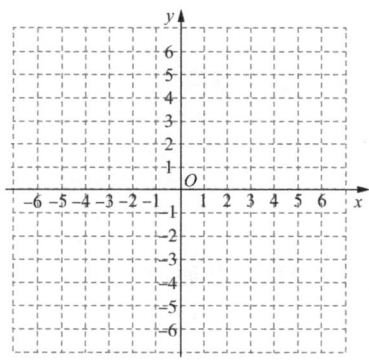
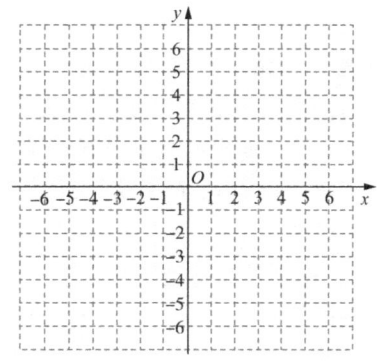

(3) $f(x) = x^2 - 2x$。

(4) $f(x) = x^2 - 2x, x \in [0,3]$。

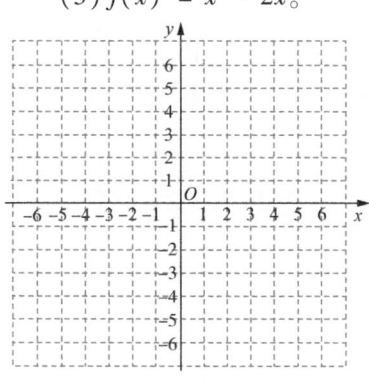
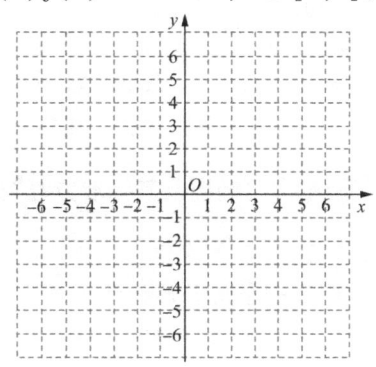

(5) $f(x) = -x^2 + 1$。

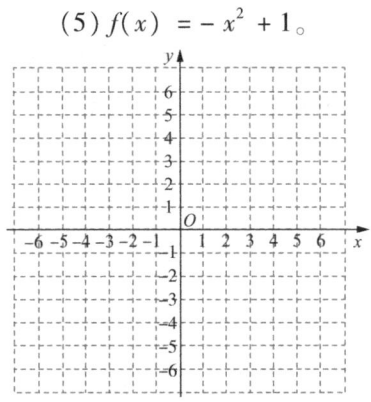

(6) $f(x) = -x^2 + 1, x \in [-2, 1]$。

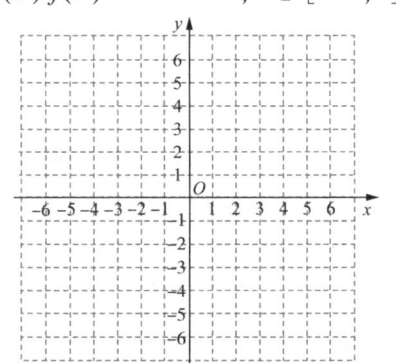

问题1：以函数 $f(x) = -x^2 + 1$ 为例，如图 2-1 所示，该函数的图象有一个最高点_____，你能用函数的观点描述该点满足的性质吗？

问题2：类比函数单调性的定义，你能用符号语言刻画函数 $f(x)$ 的最大(小)值吗？并与小组同学交流讨论。

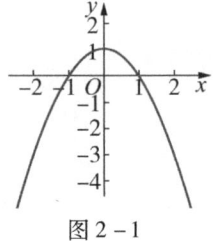

图 2-1

在"椭圆及其标准方程"这一节的学习过程中，"椭圆是如何生成的"是学生面临的第一个难点，在没有画椭圆工具的前提下，如何突破难点，找到椭圆的轨迹呢？如果单纯靠课堂上教师利用几何画板等软件演示，学生是不容易理解的，且很快会遗忘。所以，在课前让学生自己动手画椭圆是"椭圆及其标准方程"的前置研究的首要任务。学生在案例2探究1的指导下，以小组为单位，画出椭圆，并尝试总结动点满足的条件(变化中的不变性，即规律性)，初步概括出椭圆的定义。学生们对动手操作这样的前置研究非常感兴趣，都能积极参与，为课堂的展开做好了铺垫。

案例2 "椭圆及其标准方程"的前置研究

探究1：动手操作。

(1) 取一条定长的细绳。
(2) 把它的两端固定在板上的 F_1, F_2 两点。
(3) 用铅笔尖(M)把细绳拉紧，在板上慢慢移动观察画出的图形。

思考1：改变两点之间的距离，使其与绳长相等，画出的图形还是椭圆吗？

思考2：绳长能小于两点之间的距离吗？

结论：(1) 若_____，M 点的轨迹为 _____。

(2)若_____，M点的轨迹为_____。

探究2：归纳总结，请同学们类比圆的定义，尝试归纳椭圆的定义。

平面内与两个定点F_1，F_2的_____的点的轨迹叫作椭圆(ellipse)。这两个定点叫作椭圆的_____，两焦点之间的距离叫作椭圆的_____。

探究3：

问题1：如何建立坐标系才能使椭圆的方程比较简单？

问题2：椭圆方程中的a，b，c满足什么关系？

问题3：建立坐标系时如果焦点在y轴上会得到何种形式的椭圆方程？怎样判定给定的椭圆焦点在哪个坐标轴上？

在等差数列的学习中，数列的等差规律通过案例3问题1中的具体的例子展现出来，再通过追问1、追问2的问题链让学生自己总结出等差数列的特征，并尝试将文字语言转化为数学语言。其间，学生可能有总结得不到位的地方，课堂上可以通过团队互学、展示质疑及教师帮学进一步补充、巩固，再通过问题2的追问1、追问2让学生进一步理解等差数列的概念。问题2的追问3的设置是开放的，要求学生自己写出等差数列，虽然难度不大，但是可以让学生将知识学以致用，并肯定自己的学习能力，学生在课堂上便会积极分享自己写出的等差数列；同时教师在课堂上写出等差数列的前两项，学生自然就会写出第三项、第四项……教师再追问，确定一个等差数列需要几个基本条件，学生就能总结出两个基本条件，即首项和公差，这为进一步推导等差数列的通项公式做好了铺垫。课堂实践表明，简单的前置研究让数学课堂变得容易、有趣了。

案例3 "等差数列的概念"的前置研究

问题1：观察下面几个例子中的数列，请同学们思考可以通过怎样的运算发现它们的取值规律？

(1)北京天坛圜丘坛的地面由石板铺成(见图2-2)，最中间的是圆形的天心石，围绕天心石的是9圈扇环形的石板，从内到外各圈的石板数依次为

9，18，27，36，45，54，63，72，81。 ①

(2) S，M，L，XL，XXL，XXXL型号的女装上衣对应的尺码分别是

38，40，42，44，46，48。 ②

图2-2

(3)测量某地垂直地面方向上海拔500m以下的大气温度，得到从距离地面20m起每升高

100m 处的大气温度(单位:℃)依次为

25.0，24.4，23.8，23.2，22.6. ③

(4)某人向银行贷款 a 万元，贷款时间为 n 年。如果个人贷款月利率为 r，那么按照等额本金方式还款，他从某月开始，每月应还本金为 $b\left(=\dfrac{a}{12n}\right)$ 元，每月支付给银行的利息(单位：元)依次为

ar，$ar-br$，$ar-2br$，$ar-3br$，… ④

追问1：这几组数有什么共同特征？能否概括出这种特征？

追问2：若将固定常数用 d 表示，可否用符号语言表示数列中后一项与前一项之间的关系？

问题2：具有上述变化规律的数列叫作等差数列，能否给出等差数列的概念？

新知1：等差数列的概念。

_____。

追问1：能否用符号语言表示等差数列的定义？

追问2：下列数列是不是等差数列？如果是，请写出公差；如果不是，请说明理由。

① 1，1，1，1，1，…

② 1，2，4，6，8，…

③ -1，1，-1，1，-1，…

追问3：同学们能列举出生活中等差数列的例子吗？

问题3：观察如下几组数，在两数中插入什么数后，三个数就会成为一个等差数列？

① 2，_____，4；② -1，_____，5；③ 0，_____，0；④ a，_____，b。

新知2：等差中项。

如果在 a,b 中插入一个数 A，使得 a,A,b 成等差数列，那么 A 就称为 a,b 的等差中项，即_____。

问题4：如果已知等差数列 $\{a_n\}$ 的首项 a_1，公差 d，那么 $\{a_n\}$ 中的每一

项是否确定？

问题5：已知等差数列$\{a_n\}$的首项a_1，公差d，能否根据等差数列的定义推导出等差数列的通项公式？

新知3：等差数列的通项公式。

首项为a_1，公差为d的等差数列$\{a_n\}$的通项公式为_____。

追问1：你能写出下面这些数列的通项公式吗？

① 5，9，13，17，21，…

② 9，7，5，3，1，…

③ 6，6，6，6，6，…

追问2：观察等差数列的通项公式，它与哪一类函数有关？公差d有什么几何意义？

例题1：已知等差数列$\{a_n\}$的通项公式为$a_n = 5 - 2n$，求等差数列$\{a_n\}$的首项a_1和公差d。

例题2：求等差数列8，5，2，…的通项公式a_n和第20项，并判断-289是否是等差数列中的项，若是，是第几项？

问题6：已知等差数列中的几项可以得到等差数列的通项公式？原因是什么？是否有几何意义？

二、根本原则

在"本原三学"的课堂教学中，围绕课堂教学内容及教学目标，教师精心设计适合本班学生的前置研究方案，能够为课堂学习打下一定的基础，培养学生自主学习能力和良好的学习习惯；能够让学生初步了解学习内容，便于从整体上把握新知，使课堂教学起到事半功倍的效果。前置研究的设计不但要简单，让班级学生人人都能入手，还要抓住知识的根本。"根本"在这里指的是事物的根源、基础、最重要的部分。教师在准备任何一节课时，都必须先想清楚这节课的"根"是什么，只有牢牢地抓住了"根"，才能抓住问题的本质，长出茂盛的"枝叶"。下面以部分前置研究为例，说明前置研究设计的根本原则。

在数列这一模块的学习中，核心内容就是数列的通项公式、前 n 项和、递推公式。等差、等比数列又是非常重要的两类特殊数列，很多数列都能通过构造转化为等差、等比数列。在"求'可化为差比数列'的数列通项公式"的前置研究中，题 1 可进一步上升到题 2 的一般形式，让学生用题 1 的方法构造出新的等比数列，进而求出数列的通项公式；题 3、题 4 对题 1 进行一定的替换，但始终紧扣"可化为差比数列"的数列递推形式这个"根"，层层递进，让学生一步步体会如何构造等比数列，发现数学的奥妙。本节课的知识结构见图 2-3：

扫一扫，观看《求"可化为差比数列"的数列通项公式》教学视频

图 2-3 "求'可化为差比数列'的数列通项公式"的知识结构

案例1 "求'可化为差比数列'的数列通项公式"的前置研究

题1 已知数列 $\{a_n\}$ 满足条件 $a_n = 3a_{n-1} + 4, a_1 = 2$，求 a_n。	题2 数列 $\{a_n\}$ 满足条件 $a_n = qa_{n-1} + d$（其中 q, d 为常数），称数列 $\{a_n\}$ 为差比数列，则 $a_n = \left(a_1 + \dfrac{d}{q-1}\right)q^{n-1} - \dfrac{d}{q-1}$，你能写出解答过程吗？
题3 把题1中的"a_n"用"$\dfrac{a_n}{2^n}$"替换，能得到一道新的题目，请你写出这道题目并求解。 分析：$\dfrac{a_n}{2^n} = 3\dfrac{a_{n-1}}{2^{n-1}} + 4$，即 $a_n = 6a_{n-1} + 2^{n+2}$。 新题 已知数列 $\{a_n\}$ 满足条件 $a_n = 6a_{n-1} + 2^{n+2}, a_1 = 1$，求 a_n。	题4 把题1中的"a_n"用"$\dfrac{1}{a_n}$"替换，又能得到一道新的题目，请你写出这道题目并求解。

题5 请你用类似的办法编出（或找出）更多的关于数列的题目，与同学分享。

题目1 解：	题目2 解：
题目3 解：	题目4 解：

学生在初中已经学习过二次函数、一元二次方程，高一要学习一元二次不等式的求解。如何利用已有知识获得新知识呢？教师设计了如下的前置研究。

案例2 "二次函数与一元二次方程、一元二次不等式"的前置研究

探究1：自主阅读人教版《数学》A版必修一第50～53页练习上面的部分，回答以下问题。

一元二次不等式的概念：一般地，我们把只含有＿＿＿＿＿未知数，并且未知数的最高次数是＿＿＿＿＿的不等式，称为一元二次不等式。一元二次不等式的一般形式是＿＿＿＿＿＿＿＿＿＿或＿＿＿＿＿＿＿＿＿＿，其中a，b，c均为常数，$a \neq 0$。

思考：一元一次方程的根、一次函数图象与x轴的交点及一元一次不等式的解集之间有什么关系？

一次函数	$y = -2x + 4$	画出函数$y = -2x + 4$的图象	图象为＿＿＿＿＿＿
一元一次方程	$-2x + 4 = 0$		方程的根为＿＿＿＿＿＿
一元一次不等式	$-2x + 4 > 0$		解集为＿＿＿＿＿＿
	$-2x + 4 < 0$		解集为＿＿＿＿＿＿

观察：函数$y = -2x + 4$的图象与方程$-2x + 4 = 0$的根有何关系？函数$y = -2x + 4$的图象与不等式$-2x + 4 > 0$，$-2x + 4 < 0$的解集有何关系？

探究2：

问题1：园艺师打算在绿地上用栅栏围一个矩形区域种植花卉。若栅栏的长度是24 m，围成的矩形区域的面积要大于20 m^2，则这个矩形的边长为多少米？

问题2：类比一次函数、一元一次方程和一元一次不等式的关系，思考如何求一元二次不等式的解集。以$x^2 - 12x + 20 < 0$为例进行说明。

二次函数	$y = x^2 - 12x + 20$	画出函数$y = x^2 - 12x + 20$的图象	图象为＿＿＿＿＿＿
一元二次方程	$x^2 - 12x + 20 = 0$		方程的根为＿＿＿＿＿＿
一元二次不等式	$x^2 - 12x + 20 > 0$		解集为＿＿＿＿＿＿
	$x^2 - 12x + 20 < 0$		解集为＿＿＿＿＿＿

第二章 "三学课堂"的前置研学

现在你能完成问题1吗?

问题3:你能总结出求解一元二次不等式解集的一般步骤吗?

实战:求下列不等式的解集。

(1) $x^2 - 5x + 6 > 0$。

(2) $9x^2 - 6x + 1 > 0$。

(3) $-6x^2 - x + 2 \leqslant 0$。

(4) $-x^2 + 2x - 3 > 0$。

探究3:二次函数与一元二次方程、一元二次不等式的解的对应关系。

$\Delta = b^2 - 4ac$	$\Delta > 0$	$\Delta = 0$	$\Delta < 0$
$y = ax^2 + bx + c\,(a > 0)$ 的图象			
$ax^2 + bx + c = 0\,(a > 0)$ 的根			
$ax^2 + bx + c > 0\,(a > 0)$ 的解集			
$ax^2 + bx + c \geqslant 0\,(a > 0)$ 的解集			
$ax^2 + bx + c < 0\,(a > 0)$ 的解集			
$ax^2 + bx + c \leqslant 0\,(a > 0)$ 的解集			

问题:当 $a < 0$ 时,如何求不等式 $ax^2 + bx + c > 0$,$ax^2 + bx + c \geqslant 0$,$ax^2 + bx + c < 0$ 或 $ax^2 + bx + c \leqslant 0$ 的解集?

实战:求下列不等式的解集。

(1) $3x^2 - 7x \leqslant 10$。

(2) $(1-x)(2x+3) > 0$。

本前置研究中,教师利用探究1让学生自主发现一次函数图象、一元一次方程的根与一元一次不等式的解集之间的关系,让学生体会到方程的根、不等式的解集就是相应的函数值等于零、大于(或者小于)零的特殊情况,即利用一次函数的图象就可以得出方程的根以及一元一次不等式的解集。再用此结论类比研究探究2中的二次函数、一元二次方程及一元二次不等式之间的关系,进一步归纳出一元二次不等式的求解思路,过渡自然,学生易学,同时紧扣函数、方程、不等式之间的关系这个根本。

在基本不等式的学习中,如何发现式子的不等关系呢?教师利用第24届国际数学大会的会标,设置层层递进的问题链,让学生自主发现重要不等式,再提示学生用作差法对其进行证明,既体现出数学来源于生活,又体现出数学的严谨。有了重要不等式这个"根",再让学生自主发现基本不等式:在重要不等式中,如果 $a > 0$,$b > 0$,用 $\sqrt{a}$,$\sqrt{b}$ 分别代替 a,b,可得出怎样的结论?

抓住重要不等式这个根本,在知识的生长处发力,从而探索出基本不等式。最后利用圆中的弦长问题进一步理解基本不等式,指出其几何意义,完备知识体系。本节课的前置研究由几何图形引入,最终又回归几何图形,希望同学们能有一双发现数学美的眼睛。其前置研究设计如下。

案例3 "基本不等式"的前置研究

探究1:重要不等式。

(1)如图2-4所示,大正方形的边长为_____,面积 S 为_____。

(2)四个直角三角形的面积为_____,面积和 S' 为_____。

(3)S 与 S' 的大小关系是_____,故有_____。

(4)S 与 S' 可能相等吗?满足什么条件时相等?

(5)若 $a=b$,则图2-4就变化为图2-5,此时以上不等式会发生怎样的变化?

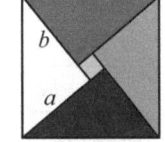

图2-4

一般地,$\forall a, b \in \mathbf{R}$,有 a^2+b^2 _____ $2ab$,当且仅当_____时,等号成立。重要不等式的证明(作差法):_____。

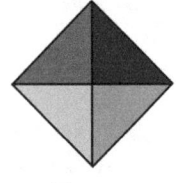

图2-5

探究2:基本不等式。

(1)在重要不等式中,如果 $a>0$,$b>0$,用 $\sqrt{a}$,$\sqrt{b}$ 分别代替 a,b,有:_____
_____。

自我总结:运用基本不等式要注意的地方。

- _____。
- _____。
- _____。

(2)基本不等式的证明(作差法):_____。

探究3:基本不等式的几何解释。

如图2-6所示,O 为圆心,AB 是圆的直径,点 C 是 AB 上一点,$AC=a$,$BC=b$。过点 C 作垂直于 AB 的弦 DE,连接 AD,BD,OD。

①如何用 a,b 表示 OD?　　$OD=$ _____

②如何用 a,b 表示 CD?　　$CD=$ _____

③OD 与 CD 的大小关系是怎样的?　　OD _____ CD

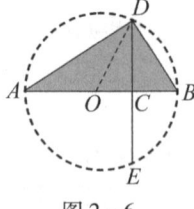

图2-6

基本不等式的几何意义:_____。

探究4：重要不等式和基本不等式的比较。

不等式	重要不等式	基本不等式
公式		
适用范围		
文字叙述		
"="成立条件		

在幂函数的学习中，课标要求：通过具体实例，抽象出幂函数概念（数），画出幂函数图象（形），观察图象得出幂函数的一些性质，并且会用数学语言进行描述（数），充分培养学生的数形结合思想、观察能力和数形相互转化的能力，从而为几何直观、数学抽象、逻辑推理等核心素养的形成建立扎实的基础。通过对幂函数的研究，学生进一步体会研究一类函数的基本内容与方法，学会类比学习，并将之应用于指数函数和对数函数的学习之中。

三、开放原则

开放在这里有两重含义，一是对不同层次的学生的要求是不同的，即对学生的要求是开放的；二是问题的设计是开放的，问题的解决方案或答案是多样的。开放了，学生就有信心完成前置研究；开放了，学生上课就有话可说，有题可辩。下面以部分前置研究为例，说明前置研究设计的开放原则。

"三角函数的图象与性质（复习课）"的前置研究能够让学生不断得到新的题目。首先，让学生自主复习知识，结合本节课的主干知识以及配套的相应习题，体会基础知识的应用；然后，通过好题分享环节，学生把从教材、练习册中选择的两道好题在课堂上进行自主解答。该前置研究设计体现出了开放原则，通过激发学生的学习热情，提升学生课堂参与度；根据选择的不同好题，更好地归纳本节课内容所考查的相关题型，提高学生的解题能力。

案例 1 "三角函数的图象与性质(复习课)"的前置研究

探究 1：$y = \sin x$，$y = \cos x$ 的图象与性质。

三角函数	$y = \sin x$	$y = \cos x$
图象		
定义域		
值域		
单调性		
奇偶性		
周期性		
对称性		
极值		
特殊点		

探究 2：可化为 $y = A\sin(\omega x + \varphi) + B$ 型的函数的图象与性质。

(1) 用五点法画出函数 $y = 2\sin\left(2x + \dfrac{\pi}{3}\right)$ 的图象，并指出该函数可由 $y = \sin x$ 的图象经过怎样的平移得到？

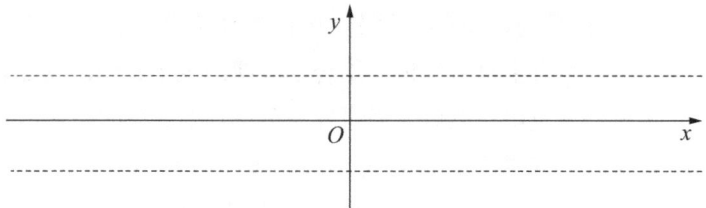

(2) 求函数 $y = 2\sin\left(2x + \dfrac{\pi}{3}\right)$ 的单调增区间。

(3) 函数 $y = 2\sin\left(2x + \dfrac{\pi}{3}\right)$ 的奇偶性、周期性怎样？

(4) 函数 $y = 2\sin\left(2x + \dfrac{\pi}{3}\right)$ 的图象的对称轴是_____，对称中心是_____。

探究3：$y = A\sin(\omega x + \varphi) + B$ 型的函数的图象变换。

(1)将 $y = \sin x$ 的图象横坐标缩短到原来的 $\dfrac{1}{2}$，再向左平移 $\dfrac{\pi}{3}$ 个单位，所得到图象的函数是_____。

(2)将 $y = \sin x$ 的图象向左平移 $\dfrac{\pi}{3}$ 个单位，再将横坐标缩短到原来的 $\dfrac{1}{2}$，所得到图象的函数是_____。

(3)图 2-7 为函数 $y = A\sin(\omega x + \varphi)$ 的图象的一段，求其解析式。

探究4：$y = A\sin(\omega x + \varphi) + B$ 型的函数的综合性问题。

(1)已知函数 $f(x) = \sqrt{3}\cos^2 x + 2\sin x\cos x - \sqrt{3}\sin^2 x$，求当 $0 \leq x \leq \dfrac{2\pi}{3}$ 时函数的值域。

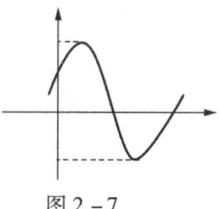

图 2-7

(2)关于 x 的方程 $\sqrt{3}\cos^2 x + 2\sin x\cos x - \sqrt{3}\sin^2 x = a + 1$ 在 $\left[0, \dfrac{2\pi}{3}\right]$ 有 2 个不同实根，求实数 a 的取值范围及此两根之和。

(3)设 $m \in \mathbf{R}$，$M = \{(x,y) \mid y = -\sqrt{3}x + m\}$，$N = \{(x,y) \mid x = \cos\theta, y = \sin\theta, 0 < \theta < 2\pi\}$ 且 $M \cap N = \{(\cos\theta_1, \sin\theta_1), (\cos\theta_2, \sin\theta_2)\}$。求：
① m 的取值范围；② $\theta_1 + \theta_2$ 的值。

为了更好地掌握本节课的知识，你觉得还有哪些题目比较典型？请你找出并记录下来，在小组间交流自己所选的题目。

自选题1：

自选题2：

小结：通过这节课，你学会了什么知识？能解决哪些问题？你的收获与感受是什么呢？

课堂走向"三学"

开放性原则也适用于新知识的讲授。学生通过提前预习，能够更好地了解知识的发生、发展过程。

案例 2 "幂函数"的前置研究

【三基梳理】

1. 幂函数的定义是什么？
2. 常见的幂函数有哪些？该从哪些方面研究幂函数？（定义域、值域、单调性、奇偶性）

例题 1：幂函数的判定。 若函数 $f(x)=(m^2-4m-4)x^m$ 是幂函数，则 $m=$ _____。 小结（基本方法）：	例题 2：幂函数相关的单调性、奇偶性证明。 讨论幂函数 $f(x)=\sqrt{x}$ 的单调性、奇偶性。 小结（证明单调性、奇偶性的基本步骤）：
例题 3：幂函数的应用。（比较幂值） 将 $1.2^{\frac{1}{2}}$，$0.9^{-\frac{1}{2}}$，$\sqrt{1.1}$ 的大小关系用">"连接起来的结果为 _____。 【同类题型】幂函数的应用。（解不等式） 例题 4：若 $(3-5a)^{\frac{1}{2}}<(a+2)^{\frac{1}{2}}$，则 a 的取值范围为 _____。 小结（比较幂值大小的两种方法）：	【好题分享】自选一道与本节课内容相关的题目并作答，做好与他人分享的准备。
【学前小结】	【学后小结】

第二节　前置研究的设计策略

捷克教育家夸美纽斯在《大教学论》中说："教学就是为了寻求一种有效的方法，使教师因此而可以少教，学生因此而可以多学。"这就说明，多学比多教重要，学生爱学，学习有收获、有发展才是有效、高效的教学。换言之，我们的课堂应立足于"学"，追求"学的质量"。

新课标强调课堂教学应"以教师为主导，以学生为主体，营造和谐的师生关系"。而"少教多学"便是实现这一课标要求的有力杠杆。如何在课堂上让教师"少教"、学生"多学"，并且真正让学生"学有所获""学有所长"呢？前置研究的设计至关重要。

设计前置研究需要"对症下药"，要从学科的性质和学情出发，把握住前置研究的总体策略方向，实施合理的、可行的、有效的、能变通的策略。下面以中学数学为例，对前置研究的设计策略进行深入阐述。

一、先会后学，"得意忘形"

先会后学，这里的"会"是意会、领会的意思，即先领会再学习。为了让学生领会问题的根本，教师在教学中要尽量排除其他非本质因素的干扰。

在初中数学中，非本质因素的干扰中最主要的是"数学符号语言"。词汇语言是发自先天的，而数学符号语言是外加的。许多人不喜欢数学，不能学好数学，是因为他们认为数学符号语言艰深、难懂，给学好数学带来了很大的障碍。为了让数学"好（hǎo）学"，做到简单、根本、开放，我们要"得意忘形"，也就是要先得其意，领会其思想精髓，而暂时不计较其表现形式，不用严格的数学符号语言表达。

案例1

函数的概念是初中生较难理解的概念，当然也是中学数学中最难学习的内容之一。在学生学习函数的概念之前，让学生接触函数，意会到"什么是函数"非常重要。例如，给学生出例题：长方形的一条边长为2，另一条边长为x，长方形的周长为y，则$y = 2x + 4$，其中$x > 0$。让学生模仿例题再举一例。课堂上，学生举的例子有一次函数，有二次函数，有反比例函数，还有含根式的函数，甚至大家就x的取值范围展开了激烈的讨论。当学生意会到"什么是函数",再去学习函数的概念就更加容易。之后,再让学生思考问题:y是x的平方根,那么y是x的函数吗?有的学生说:"y是x的平方根,那么一个x对应两个y,例如4的平方根是$+2$和-2,而函数中一个x只能对应一个y,因此y不是x的函数。"

案例2

"点的坐标和函数的图象"这部分知识对于部分学生来说是晦涩难懂的,数字怎么就可以表示点?直线可以表示一个函数吗?不可思议!为了让学生"好(hǎo)学",引导学生"意会"点的坐标和函数的图象很重要。例如,教师告诉新来的学生,他的座位在教室里的4列3排,他能准确地找到自己的座位,就是说(4,3)可以表示一个点。这时,就有学生说:"我家住在3栋7楼2号房,就是说(3,7,2)也表示一个点。"学生经过探讨后发现,原来有序的两个数表示平面上的点,而三个数则表示空间上的点。又如,让学生观察广播体操的队形,他们发现不仅横竖是直线,斜着也有很多直线,还发现"$y=2x+1$"表示的是直线。

案例3

在"二项式定理"的前置研究中,我们知道,$(a+b)^2=(a+b)\cdot(a+b)=a(a+b)+b(a+b)=a\times a+a\times b+b\times a+b\times b=a^2+2ab+b^2$。

(1)那么$(a+b)^3$的展开式呢?由多项式运算法则,你能说明展开式的每一项是如何得到的吗?(2)试一试:$(a+b)^4$的展开式呢?(3)从特殊到一般,对任意正整数n的情形,你能写出$(a+b)^n$的展开式吗?前置研究根据学生已有的知识,层层设问,引导学生在课前写出二项式展开式,据此理解学习二项式定理。

二、先做后说,"搬弄是非"

美国教育学家彼得·克莱恩认为:"最佳的学习方法是先做后辨认,或是一边做一边辨认。"[①]在学生没有用感觉器官去接触或"搬弄"学习对象的时候,其对所学内容缺乏感知,就难以说清楚其中的"是非",就难以形成自己的知识,即使他们可以形式化地记住一些东西,也只是假性的、短暂的。因此,要做到简单、根本、开放,让学生"好(hǎo)学",就应当让学生尽量先做,通过"搬弄是非",他们的头脑充实了,然后才能把所学内容变成理性的条文。

---

① 郭思乐. 教育走向生本[M]. 北京:人民教育出版社,2018.

案例1

在教学实践中，有些教师总是让学生记住二次函数图象平移的规则，但是学生在理解这类问题时，经常会混淆到底是"左移"还是"右移"。事实上，只有让学生自己动手画图象才行。学生画得多了，自然就明白"平移"的道理了。再如，在学习锐角三角函数时，请学生动手画出一个"坡"，再用尺子和量角器测出坡度和角。学生发现，对同一个坡来说，取的测量点不同，上升的高度和平移的距离也不同，但是其比值(坡度)是相同的。还有的学生用"三角形的相似"证明了这一结论。通过自己动手，学生更好地理解和掌握了锐角三角函数。让学生动手做看似笨拙，实则"藏巧于拙"，让学生"搬弄"一番，其中的"是非曲直"也就明辨了。

案例2

在"平面与平面平行的判定"的前置研究中，设置了下列问题。(1)根据日常生活的观察，你们能列举出平面与平面平行的具体事例吗？(2)两个平面满足什么条件时，就可以说它们是平行的？(3)上表面有一条直线与下表面平行，这两平面平行吗？上表面有两条直线与下表面平行，这两平面平行吗？(4)归纳概括，两个平面平行的判定定理(文字语言、图形语言、符号语言)。平面与平面平行的判定定理在几个判定定理中属于烦琐易错型，学生先通过自己思考，然后再学，可以增进理解。

案例3

"指数函数"的前置研究：

(1)阅读人教版《数学》必修一第111～118页。指数函数的概念：一般地，函数_____叫作指数函数，其中指数 x 是自变量，定义域是 $\mathbf{R}$。请根据指数函数的概念，写出一个指数函数：_____。

(2)研究指数函数性质时，有哪些步骤？研究哪些方面的性质？通过列表、描点、连线的方法，画出简单的函数 $y = 2^x$ 与 $y = \left(\dfrac{1}{2}\right)^x$ 的图象。先完成下表，再画图象。

x	-2	-1.5	-1	-0.5	0	0.5	1	1.5	2
$y = 2^x$		0.35		0.71		1.41		2.83	

x	-2	-1.5	-1	-0.5	0	0.5	1	1.5	2
$y = \left(\dfrac{1}{2}\right)^x$		2.83		1.41		0.71		0.35	

课堂走向"三学"

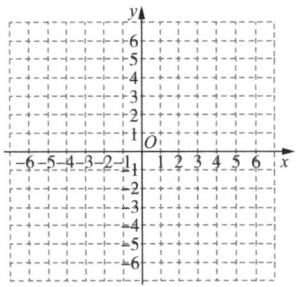 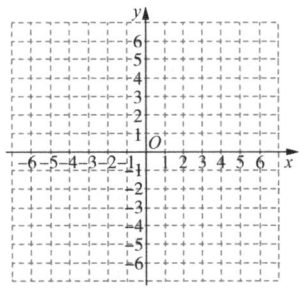

画出简单的函数 $y=3^x$ 与 $y=\left(\dfrac{1}{3}\right)^x$ 的图象。先完成下表,再画图象。

x	…	-1.5	-1	-0.5	0	0.5	1	1.5	…
$y=3^x$	…	0.19		0.58		1.73		5.20	…
$y=\left(\dfrac{1}{3}\right)^x$	…	5.20		1.73		0.58		0.19	…

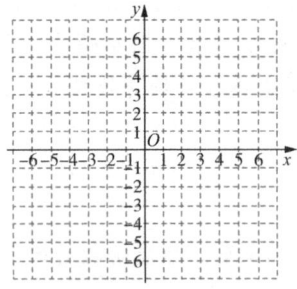 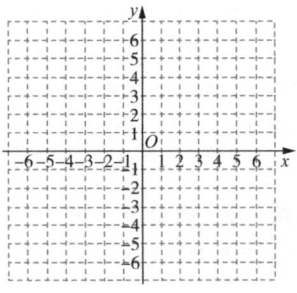

(3)通过几何画板观察底数 a 变化时图象的变化。通过观察,你能不能总结出指数函数的图象与性质?请尝试自主总结并小组展示。

学生已经学习了一次函数、二次函数等,再用研究函数的通用方法探究新认识的指数函数的特点,能大大提高学习的主动性。

三、先整后零,"囫囵吞枣"

法国思想家埃德加·莫兰的著名观点认为:"不认识整体就不可能认识部分,同样地,不特别地认识各个部分也不可能认识整体。"[1]许多教师只记住了后半句话强调的要"特别地认识各个部分",而忽略了前半句话强调的要"认识

---

[1] 埃德加·莫兰. 复杂性理论与教育问题[M]. 陈一壮,译. 北京:北京大学出版社,2004.

整体"。人的认知是沿着"整体—局部—整体"非线性发展的,为了让学生从整体入手获得意义,有时我们要让学生"囫囵吞枣"。

民间的很多木工师傅没有学过几何知识,更不明白用"符号语言"和"图形语言"给出精确计算和证明,但是,他们对点、线、面关系掌握得无比精准,能制作出无比精美、复杂的家具。我国古代第一部数学专著《九章算术》,只用自然语言就把复杂的数学问题阐述清晰了。

案例

笔者曾带着三位小学毕业生,在没有教科书也没有练习册的条件下,"玩"初中的平面几何,只用了两个星期,学生就把初中的平面几何"玩"完了,并且"玩"得欢快、精彩。在"玩"的过程中,笔者设置了不同的活动。

活动1:在家里找平行线,并说明为什么是平行线。三位学生寻找后,得出答案:"没有交点的直线就是平行线,而判断是否有交点,关键是看两条直线是否是'平的'。""平的"就是"距离相等",并非教师所讲的"内错角相等"。事实上,"距离相等"更符合人的认知,"内错角相等"是需要引导的。后来,其中一位学生又否定了自己对平行线下的定义,因为他发现没有交点的两条直线(异面直线)不平行。最后,笔者要求三位学生用写"作文"的形式给出平行线"判定"的若干方法。

活动2:画一个与原三角形相同的三角形,再画一个放大或缩小的三角形。学生们说:"开始想的是,要画相同的三角形就要画出三个边、三个角都相等的三角形,后来发现并不需要画那么多,只要画其中的三个边或角就可以了,其他的就'定'了。原以为画放大或缩小的三角形会更难,没想到只要画两个等角就够了。"学生们又以写"作文"的形式给出了三角形"全等与相似"的判定和性质的若干方法。

从以上经验来看,学平面几何可以先抛开"符号语言"和"图形语言"的干扰,避开所谓的精准,让学生"囫囵吞枣"地感受"点与线"和"线与线"的关系,就可以意会甚至了解平面几何的知识体系和内在逻辑关系。由于这种学习方式是从整体出发的,符合简单、根本、开放的要求,自然就好学了。

数学的教学困局由来已久,须运用简单、根本、开放的三大原则实施先会后学、先做后说、先整后零的三大策略。其中,让学生先学起来,可以从源头上把核心性学习的权利交还给学生,让学生自主质疑、自主释疑、自主构建,进而达到真正意义上的乐学、会学、"好(hào)学"。

第三节 前置研究的核心内容

"本原三学"课堂注重加强知识发生过程的教学,设置前置研究,抓住课堂生成性资源,引导、点拨、纠偏和补漏,帮助学生提炼知识、提升能力和指明学习方向,针对学科的"知识生长处、方法形成处、思维发生处",使学生进行本原性学习。

一是寻找知识源头,指向知识生长处的本原性学习。知识生长处是学生现有的认知经验中促进新知识学习的"根"知识。"本原三学"教学模式中前置研究的设置,遵循学生的认知起点,将国家课程转化为教师课程,再将教师课程转化为学生课程,以"好(hǎo)学"为原则、以"能学"为前提,把数学变得容易学。

二是开展有效活动,指向方法形成处的本原性学习。方法形成处是学生获取解决具体数学问题所形成的程序化的步骤的"根"知识。常见的数学方法有归纳法、反证法、对比法、类比法等。教师通过语言讲授、提问设疑、组织协调等有效活动,抓住课堂生成性问题,引导学生归纳总结、提炼方法。

三是提升核心素养,聚焦思维发生处的本原性学习。数学思维是用数学知识、数学方法解决问题的一种思维方式,是解决问题的关键能力。数学知识是数学学习的主线,数学思维是贯穿始终的暗线。"本原三学"教学模式中开放、多元、多样的展示平台,让学生学会观察、思考、表达,帮助学生理解数学问题"是什么、为什么、怎么做、还有什么"。在学生展示过程中,教师既可以聚焦数学思维发生处,对学生进行点评、追问、质疑、答疑、纠偏或者激励提升,也可以鼓励引导其他学生进行质疑、辩论等,并对他们的表现进行点评、对疑点进行讲解,从而促使其逐步提升能力、素养。

数学知识、数学方法、数学思维的获取不是各自独立的,三者是相辅相成、有机融合的。数学知识是方法形成和思维发生的载体,数学方法是知识生长和思维发生的桥梁,培养学生数学思维则是发展核心素养的基础。"本原三学"教学模式,引导教师改变教学方式,在关键处"点睛",在本原性学习处"帮学",其优势在于落实立德树人根本任务,使学生越学越懂数学,越学越爱数学,越学越会数学。下面用几个案例进行分析。

案例1 "函数的单调性"的前置研究

探究1：

(1)请同学们画出 $f(x) = 3x$ 的图象。

(2)从函数图象上看，$f(x) = 3x$ 的图象从左到右呈 _____ 趋势，即随着自变量 x 的增大，函数值 $f(x)$ _____ 。

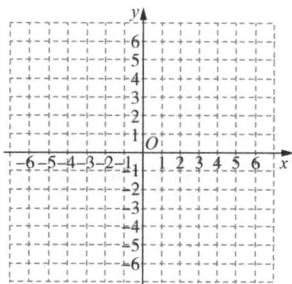

(3)将图象(形)转化为代数表达式：任取 x_1，$x_2 \in \mathbf{R}$，当 $x_1 < x_2$ 时，有 $3x_1$ ____ $3x_2$，因 $f(x_1) =$ ____，$f(x_2) =$ ____，则 $f(x_1)$ _____ $f(x_2)$，称函数 $f(x) = 3x$ 在 $\mathbf{R}$ 上单调递增。

探究2：

(1)请同学们画出 $f(x) = x^2$ 的图象。

(2)从函数图象上看，$f(x) = x^2$ 的图象在 y 轴右侧呈 _____ 趋势，即随着自变量 x 的增大，函数值 $f(x)$ _____ 。

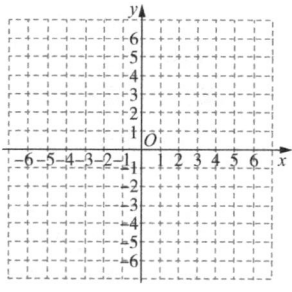

(3)将图象(形)转化为代数表达式：任取 x_1，$x_2 \in (0, +\infty)$，当 $0 < x_1 < x_2$ 时，有 x_1^2 _____ x_2^2，因 $f(x_1) =$ _____，$f(x_2) =$ _____，则 $f(x_1)$ _____ $f(x_2)$，称函数 $f(x) = x^2$ 在区间 $(0, +\infty)$ 上单调递增。

【归纳】函数 $f(x) = 3x$，$f(x) = x^2 [x \in (0, +\infty)]$ 的共同特征。

从图象上看：函数图象从左到右呈 _____ 趋势，即随着自变量 x 的增大，函数值 $f(x)$ _____ ；从数值上看，当 $x_1 < x_2$ 时，有 $f(x_1)$ _____ $f(x_2)$，称函数 $f(x) = 3x$，$f(x) = x^2 [x \in (0, +\infty)]$ 单调递增。

探究3：请同学们结合前面的探究及归纳，自己总结函数在某区间上单调递增的特征(图与数两方面)，并与小组同学交流讨论，做好小组展示准备。

探究4：请同学们类比探究1、探究2的研究步骤来说明函数 $f(x) = x^2 (x < 0)$ 的图象特征及相应的代数表达式。

探究5：请同学们类比函数单调递增的特征及函数 $f(x) = x^2 (x < 0)$ 的特征，总结该函数在某区间上单调递减的特征，即 _____ 。

函数的单调性是高中阶段比较抽象的概念,上述前置研究的设置,从学生的已有知识(简单画图象)出发,从探究1让每个学生都能接受图象上升就是增函数的形象概念,再通过代数表达式进一步加深学生对增函数概念的理解,让学生明辨图和数同样可以表达同一个概念;再从探究2得出单调性是局部性质,并不是在整个定义域范围内适用的,然后让同学们总结单调增函数的定义。这就是知识生长处,为学生的学习做了一个铺垫,提供了一个"脚手架",让旧知识生长出新知识,比直接看书本的抽象概念更能让学生接受。

案例2 "集合间的基本关系"的前置研究

探究1:类比实数之间的相等关系、大小关系,你能发现下面两个集合之间的关系吗?

(1) $A = \{1,2,3\}$,$B = \{1,2,3,4,5\}$。

(2) C 为班级全体女生组成的集合,D 为班级全体学生组成的集合。

(3) $E = \{x | x$ 是两条边相等的三角形$\}$,$F = \{x | x$ 是等腰三角形$\}$。

(4) $G = \{x | x^2 + 1 = 0\}$。

探究2:小组同学间讨论以上例子中集合之间的关系,并阅读教材,用自己的话归纳出子集、真子集的概念。

	定义	符号表示	图形表示
子集	如果集合 A 中的元素都是集合 B 中的元素,就称集合 A 是集合 B 的子集	A ___ B (或 B ___ A)	
真子集	如果集合 $A \subseteq B$,但存在元素 _____,就称集合 A 是集合 B 的真子集	A ___ B (或 B ___ A)	
集合相等	如果集合 A 的 _____ _____ 元素都是集合 B 的元素,同时集合 B 的 _____ 元素都是集合 A 的元素,那么集合 A 与集合 B 相等	A ___ B	
空集	_____ 的集合叫作空集		

探究3:试用适当的符号($\in$、$\notin$、$=$、$\subseteq$)填空。(自我检测)

(1) $\{a,b\}$ _____ $\{a,b,c\}$,a _____ $\{a,b,c\}$。

(2) $\varnothing$ _____ $\{x\,|\,x^2+3=0\}$，$\varnothing$ _____ **R**。
(3) **N** _____ $\{0,1\}$，**Q** _____ **N**。
(4) $\{0\}$ _____ $\{x\,|\,x^2-x=0\}$。

探究4：填写下表，并回答问题。

集合	子集	子集个数	真子集个数
$\{a\}$			
$\{a,b\}$			
$\{a,b,c\}$			

知识生长处指的是在学生当前认知经验中，能够促进新知识学习的关键性基础知识，即"根"知识。在上述提及的前置研究中，学生的已有知识是"实数之间的相等关系和大小关系"，这部分知识被视为学习新知识的"根"知识。现在的问题是，如何利用这一"根"知识来判断两个集合之间的关系，并进一步探讨这些关系之间的联系和区别。这就激发了学生学习新知识的欲望，然后通过书本给出的定义归纳出子集、真子集、集合等概念。

当学生通过探究1和探究2获取新知识后，并不能迅速将新知识消化，此时，需要教师开展有效的活动，让学生获取解决具体问题的程序步骤，这就是前置研究的第二个核心内容——"指向方法形成处"。如上述的前置研究，虽然前面已经获得"集合间的关系"的概念，但如果没有进行有效的练习，学生对概念的理解仍然很模糊，于是教师再次通过探究3和探究4，让学生先自主探究问题，如"$\{a,b\}$ _____ $\{a,b,c\}$""a _____ $\{a,b,c\}$"这两者有什么不同、集合与集合间用什么符号、元素与集合间又用什么符号等，然后进行小组间讨论、交流和质疑，最后以语言讲授、提问设疑、组织协调等有效活动，使解决问题的方法步骤深刻留在学生的脑海中。

案例3 "等比数列"的前置研究

探究1：观察下面的数列，类比等差数列的研究，请同学们思考可以通过怎样的运算发现以下数列的取值规律？

(1) 两河流域发掘的古巴比伦时期的泥板上记录了下面的数列：

$$9,\ 9^2,\ 9^3,\ \cdots,\ 9^{10}$$
$$100,\ 100^2,\ 100^3,\ \cdots,\ 100^{10}$$
$$5,\ 5^2,\ 5^3,\ \cdots,\ 5^{10}$$

(2)《庄子·天下》中提到："一尺之棰，日取其半，万世不竭。"如果把"一尺之棰"的长度看成单位"1"，那么从第1天开始，每天得到的"棰"的长度依次是：
$$\frac{1}{2}, \frac{1}{4}, \frac{1}{8}, \frac{1}{16}, \frac{1}{32}, \cdots$$

(3) 在营养和生存空间没有限制的情况下，某种细菌每20 min 就可通过分裂繁殖一代，那么一个这种细菌从第1次分裂开始，各次分裂产生的后代个数依次是：
$$2, 4, 8, 16, 32, 64, \cdots$$

(4) 某人存入银行 a 元，存期为5年，年利率为 r，那么按照复利，他5年内每年末得到的本利和分别是：
$$a(1+r), a(1+r)^2, a(1+r)^3, a(1+r)^4, a(1+r)^5$$

探究2：请同学们把自己发现的规律写出来，并与小组同学交流。

思考1：类比等差数列的概念，尝试抽象出等比数列的概念。

等比数列的概念：_____。

思考2：下列数列是不是等比数列？如果是，请写出公比；如果不是，请说明理由。

① 1，-5，25，-125…

② 2，2，2，2…

③ 0，1，0，1，0…

探究3：类比等差数列通项公式的推导过程，你能推导出首项是 a_1，公比是 q 的等比数列的通项公式 a_n 吗？请写出你的详细推导过程。

练习：请同学们试着完成下列例题，并做好小组交流的准备。

(1) 等比数列 $\{a_n\}$ 中，$a_1 = \frac{1}{2}, q = 4$，求 a_4。

(2) 等比数列 $\{a_n\}$ 中，$a_4 = 27, q = -3$，求 a_1。

(3) 等比数列 $\{a_n\}$ 中，$a_1 = 2, a_5 = 32$，求 q。

(4) 等比数列 $\{a_n\}$ 中，$a_3 = 20, a_6 = 160$，求 a_n。

学生在学习等差数列之后，对等比数列的理解通常会变得相对容易。鉴于此，我们可以将知识构建的过程交给学生，让他们通过探究和发现给定数列的规律来得出结论。这种方法相较于教师直接给出概念，能够给学生留下更深刻的印象。随后,结合书本上的概念,学生可以进一步加深对等比数列的理解。这种从学生的"已有知识"中生长出的"新知识"会更加稳固。因此,在设置前置研究任务时,我们应寻找知识的起源,并指向知识生长的方向,这才是"本原三学"理念的核心所在。

案例4 "幂函数"的前置研究

探究1:回答下列问题。

(1)如果张红购买了1元每千克的蔬菜 w 千克,那么她需要付的钱 $p =$ _____。

(2)如果正方形的边长为 a,那么正方形的面积 $S =$ _____。

(3)如果正方体的边长为 b,那么正方体的体积 $V =$ _____。

(4)如果正方形的面积为 S,那么正方形的边长 $c =$ _____。

(5)如果某人 t s 内骑车行进了 1km,那么他骑车的平均速度 $v =$ _____。

(6)若将以上问题中的自变量全部用 x 来表示,函数值用 y 来表示,则它们的函数关系式将是:

① _____。

② _____。

③ _____。

④ _____。

⑤ _____。

思考:观察以上五个解析式,从自变量、函数值、解析式的结构来看,它们有什么共同特征?

幂函数的概念:一般地,函数 _____ 叫作幂函数,其中 x 是 _____,a 是 _____。

探究2:根据之前所学,我们应该从哪些方面来研究幂函数?

探究3:$y = x$,$y = x^2$,$y = x^3$,$y = \dfrac{1}{x}$,$y = x^{\frac{1}{2}}$ 的图象是怎样的?请在下面五个平面直角坐标系中依次画出这五个函数的图象,并把这五个函数的图象同时画在第六个平面直角坐标系中。

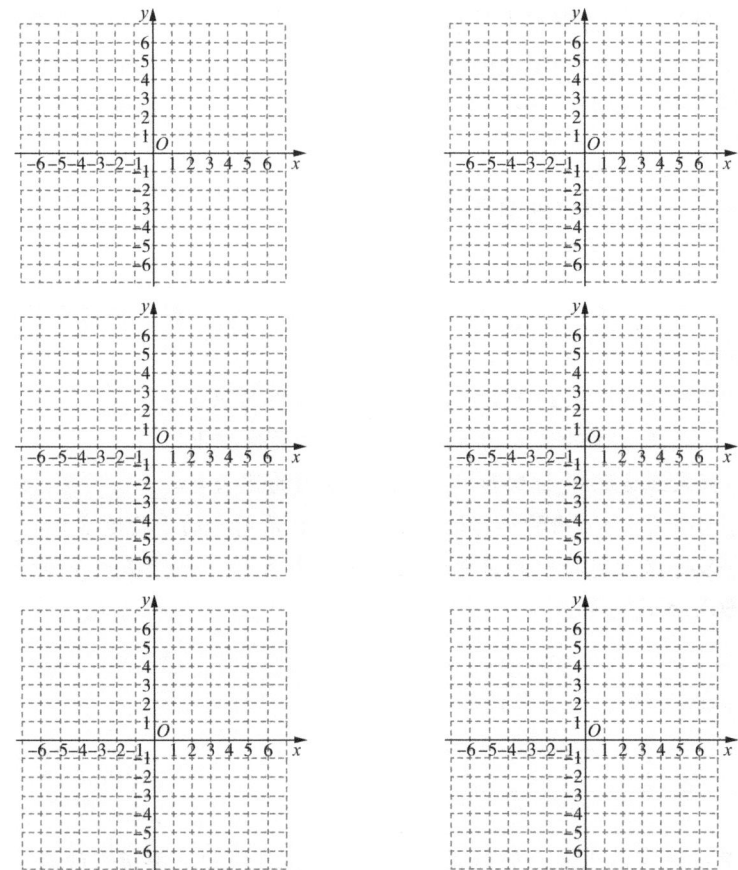

探究4：请自主总结幂函数的性质。

在上述的前置研究中，探究1中列举的是学生在初中就学过的基本函数关系式，为学生之后的学习做好了铺垫。随后，学生通过观察、思考，发现自己写出来的解析式的共同特征，就是从已有的知识中生长出来的新知识。通过前置研究，学生自己发现新知识给他们留下的印象比教师直接教授的印象更深刻、更有意义。最后，学生结合教材的概念，得出幂函数的概念，然后，学生把自己的概括和书本的概念进行比较、整合，形成了自己脑海里的新知识。

案例5 "复数的乘、除运算"的前置研究

探究1：

问题1：多项式$(a+b)(c+d)$的运算结果是什么？

问题2：设$z_1 = a + bi$，$z_2 = c + di (a, b, c, d \in \mathbf{R})$，类比两个多项式相乘，应如何规定两个复数相乘？

问题3：复数的乘法是否满足交换律、结合律？复数的乘法对加法是否满足分配律？请同学们写出以上运算律，并尝试证明。

例题1：计算$(1-2i)(3+4i)(-2+i)$。

例题2：计算下列多项式。

(1) $(2+3i)(2-3i)$　　　　(2) $(1+i)^2$　　　　(3) $(a+bi)(a-bi)$

探究2：

问题1：请同学们指出$\dfrac{2+3i}{5}$的实部、虚部。

问题2：根式$\dfrac{1}{\sqrt{a}+\sqrt{b}}$应该如何化简，请同学们把化简过程写下来。

问题3：请同学们类比问题2中的根式化简，尝试对复数$\dfrac{a+bi}{c+di}$进行化简。

例题1：计算$(1+2i) \div (3-4i)$。

巩固练习：计算下列多项式。

(1) $\dfrac{7+i}{3+4i}$　　　(2) $\left(\dfrac{1+i}{1-i}\right)^2$　　　(3) $\dfrac{1}{3-2i} - \dfrac{1}{3+2i}$

例题2：在复数范围内解下列方程。

(1) $x^2 + 2 = 0$。

(2) $ax^2 + bx + c = 0$，其中$a, b, c \in \mathbf{R}$，且$a \neq 0$，$\Delta = b^2 - 4ac < 0$。

追问1：若一元二次方程有虚数根，有几个？它们之间有何关系？

追问2：一元二次方程的虚数根是否满足根与系数的关系(韦达定理)？

巩固练习：已知$1+i$是方程$x^2 + bx + c = 0$的一个根(b, c为实数)。

(1) 求b, c的值。

(2) 试判断$1-i$是否是方程的根。

在复数的四则运算中，加法、减法、乘法的运算规则可以通过类比多项式的运算来理解和学习。因此，教师可以通过设计良好的前置研究任务，为学生的前置学习提供有效的铺垫，使得学生能够较为轻松地掌握这些运算。基于已有的知识，学生可以自主探索出复数运算的规律及法则，并通过解答例题来巩

固新知识。在课堂上,鼓励学生分享和展示自己的学习成果,这可以进一步加深他们的理解和掌握程度。

案例6 "利用导数判断函数的单调性(复习课)"的前置研究

探究1:已知函数的解析式,如何判断函数的单调性?

例题:指出下列函数的单调区间。

① $f(x) = x^2 - 4x + 3$。

② $f(x) = x^3$。

③ $f(x) = e^x + x$。

④ $f(x) = \ln x - x$。

问题1:判断函数的单调性的方法有哪些?

问题2:求单调区间要注意什么?

探究2:导数与函数的单调性有什么联系?

请作出上面函数的原函数与导函数的图象。

	$f(x) = x^2 - 4x + 3$	$f(x) = x^3$	$f(x) = e^x + x$	$f(x) = \ln x - x$
原函数图象				
导函数图象				

问题1:函数解析式未知,如何利用原函数$f(x)$的图象作出导函数$f'(x)$的图象?

例题1:设$y = f(x)$在定义域内可导,$y = f(x)$的图象如图2-8所示,则导函数$y = f'(x)$的图像可能为(   )。

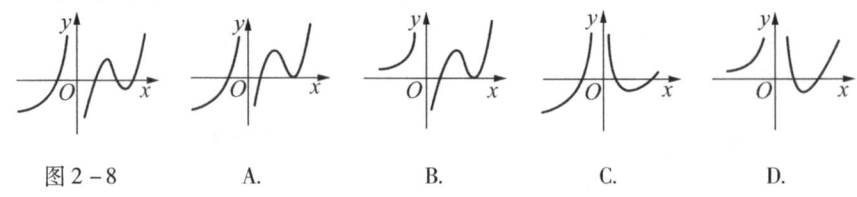

图2-8   A.   B.   C.   D.

问题2:函数解析式未知,如何利用导函数$f'(x)$的图象作出原函数$f(x)$的图象?

例题2：已知 $y=f'(x)$ 的图象如图2-9所示，则 $f(x)$ 的图象只可能是(　　)。

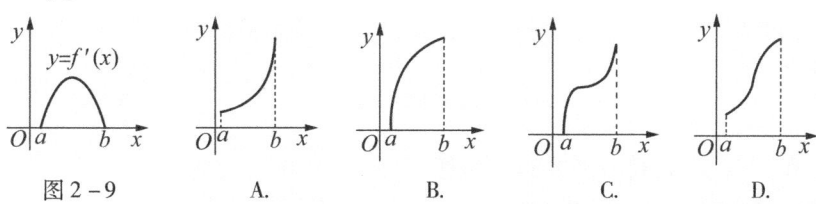

图2-9　　A.　　　　B.　　　　C.　　　　D.

探究3：利用导数判断函数单调性的解题步骤。

问题1：利用导数判断函数单调性的解题步骤是什么？以 $f(x)=\ln x-x$ 为例。

解：$f(x)$ 的定义域为_____； $f'(x)=$ _____ $=$ _____； 令 $f'(x)=0$，得 $x=$ _____。	当 $f'(x)>0$ 即_____时，$f(x)$ 递增； 当 $f'(x)<0$ 即_____时，$f(x)$ 递减。 所以，$f(x)$ 的增区间为_____； $f(x)$ 的减区间为_____。

问题2：对一些含有参数的函数，其导函数也常含有参数，怎样判断其单调性呢？

例题：讨论 $f(x)=a\ln x-x$，$a\in\mathbf{R}$ 的单调性。

问题3：该导数的正负由哪个式子确定？

问题4：这个式子对应的函数中哪些量是确定的？哪些量是不确定的？

问题5：该导函数有零点吗？

问题6：导函数的零点在定义域内吗？

探究4：怎样对参数分类讨论？分类标准有哪些？

问题：能否将例题的结论与方法进行迁移推广？

变式1：讨论 $f(x)=\ln x-ax$，$a\in\mathbf{R}$ 的单调性。

变式2：讨论 $f(x)=\ln x-(a+1)x$，$a\in\mathbf{R}$ 的单调性。

变式3：讨论 $f(x)=\ln x-(2a+1)x$，$a\in\mathbf{R}$ 的单调性。

变式4：讨论 $f(x)=\ln x-ax^2$，$a\in\mathbf{R}$ 的单调性。

变式5：讨论 $f(x)=\ln x+ax^2-(2a+1)x$，$a>0$ 的单调性。

变式6：讨论 $f(x)=\ln x+ax^2-(2a+1)x$，$a\in\mathbf{R}$ 的单调性。

变式7：讨论 $f(x)=a^2\ln x-x^2+ax$，$a\in\mathbf{R}$ 的单调性。

变式8：讨论 $f(x)=\dfrac{1}{x}-x+a\ln x$，$a\in\mathbf{R}$ 的单调性。

拓展：

(1)你能不能出一些类似的题目来考考大家？

(2)通过这节课，你学会了什么知识？能解决哪些问题？你的收获与感受是什么呢？

在"利用导数判断函数的单调性（复习课）"的学习中，核心任务是会利用函数导数判断函数的单调性，前置研究第一步学生从已有的知识得出结论后，通过探究 1 巩固加深，再通过探究 2 的思考、讨论得出正确选项，这就形成了新知识。前面都是通过函数的图象得出单调性的，这是"形"的体现，如果没有具体图象，又如何解决问题？于是又通过后面探究 3 中的问题 1 得出利用导数判断函数单调性的解题步骤，具体给出通过"数"解决问题的方法。至此，学生和教师在课堂中总结出利用导数判断函数单调性的方法。这是通过有效活动得到的方法，是由学生自己形成的方法步骤。

案例 7 "直线的方程"的前置研究

学习情境创设：

(1)直线斜率的定义：_____。

(2)经过两点 $P_1(x_1, y_1)$，$P_2(x_2, y_2)$ ($x_1 \neq x_2$) 的直线的斜率公式是_____。

探究 1：作图并总结规律。

已知直线 l 上任意一点 $P(x, y)$，分别根据下列给定的直线 l 的几何要素，画出直线 l，并求出点 P 的横坐标 x、纵坐标 y 所满足的关系式。（请总结出规律）

第一组	第 1 题	第 2 题	第 3 题	第 4 题
l 的几何要素	经过点 $A(-1, 2)$，斜率 $k=3$	经过点 $A(-1, 2)$，斜率 $k=0$	经过点 $A(-1, 2)$，斜率不存在	经过点 $A(x_0, y_0)$，斜率为 k
在平面直角坐标系中画出直线 l				

续表

第一组	第1题	第2题	第3题	第4题
x 与 y 的关系式				
第二组	第5题	第6题	第7题	第8题
l 的几何要素	经过点 $A(-1, 2)$，倾斜角 $\alpha = \dfrac{\pi}{4}$	经过点 $A(-1, 2)$，倾斜角 $\alpha = \dfrac{\pi}{2}$	经过点 $A(-1, 2)$，倾斜角 $\alpha = 0$	经过点 $A(-1, 2)$，方向向量为 $\vec{a} = (1, 1)$
在平面直角坐标系中画出直线 l				
x 与 y 的关系式				
第三组	第9题	第10题	第11题	第12题
l 的几何要素	经过点 $A(-1, 0)$，斜率 $k = 2$	经过点 $A(0, -1)$，斜率 $k = 2$	经过点 $A(0, 2)$，斜率 $k = 3$	经过点 $B(0, b)$，斜率为 k
在平面直角坐标系中画出直线 l				
x 与 y 的关系式				
第四组	第13题	第14题	第15题	第16题
l 的几何要素	经过点 $A(-1, 2)$，$B(1, 1)$	经过点 $A(-1, 2)$，$B(0, 3)$	经过点 $A(-2, 0)$，$B(0, 3)$	经过点 $A(a, 0)$，$B(0, b)$，且 $a, b \neq 0$

续表

第四组	第13题	第14题	第15题	第16题
在平面直角坐标系中画出直线 l				
x 与 y 的关系式				

你能总结出一些规律吗?

- 经过点 $A(x_0, y_0)$,斜率为 k 的直线 l 上任意一点 $P(x, y)$ 的横坐标 x、纵坐标 y 满足的关系式为_____。
- 经过点 $A(0, b)$,斜率为 k 的直线 l 上任意一点 $P(x, y)$ 的横坐标 x、纵坐标 y 满足的关系式为_____。
- 经过点 $A(a, 0)$,点 $B(0, b)$ 的直线 l 上任意一点 $P(x, y)$ 的横坐标 x、纵坐标 y 满足的关系式为_____。
- 经过点 $A(x_1, y_1)$,点 $B(x_2, y_2)$ 的直线 l,如何求直线 l 上任意一点 $P(x, y)$ 的横坐标 x、纵坐标 y 满足的关系式?

探究2:总结直线方程的几种形式。

直线的点斜式方程:_____。

直线的斜截式方程:_____。

直线的截距:_____。

直线的截距式方程:_____。

直线的一般式方程:_____。

探究3:根据不同条件,写出直线方程。

例题:直线 l_1 经过点 $A(6, -4)$,斜率为 $-\dfrac{4}{3}$,则

(1) l_1 的点斜式方程:_____。

(2) l_1 的斜截式方程:_____。

(3) l_1 在 x 轴的截距是_____,在 y 轴的截距是_____。

(4) l_1 的截距式方程:_____。

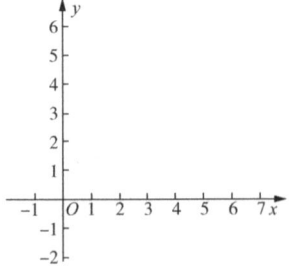

(5) 直线 l_1 的一般式方程：_____。

(6) 画出直线 l_1。

(7) 直线 l_2 的方程为 $y = \frac{3}{4}x + 1$，则直线 l_1 与直线 l_2 的位置关系是_____。

(8) 直线 l_3 的方程为 $4x + 3y = 1$，则直线 l_1 与直线 l_3 的位置关系是_____。

探究4：利用直线的方程判断直线的位置关系。

例题1：对于直线 l_1：$y = k_1 x + b_1$，l_2：$y = k_2 x + b_2$，试讨论：

(1) $l_1 /\!/ l_2$ 的条件是什么？

(2) $l_1 \perp l_2$ 的条件是什么？

小结：

(1) $l_1 /\!/ l_2 \Leftrightarrow$ _____。

(2) $l_1 \perp l_2 \Leftrightarrow$ _____。

例题2：对于直线 l_1：$A_1 x + B_1 y + C_1 = 0$，l_2：$A_2 x + B_2 y + C_2 = 0$，试讨论：

(1) $l_1 /\!/ l_2$ 的条件是什么？

(2) $l_1 \perp l_2$ 的条件是什么？

小结：

(1) $l_1 /\!/ l_2 \Leftrightarrow$ _____。

(2) $l_1 \perp l_2 \Leftrightarrow$ _____。

为了更好地掌握本节课的知识，你觉得还有哪些题目比较典型？请你找出并记录下来。小组间交流自己所选的题目。

通过这节课，你学会了什么知识？能解决哪些问题？你的收获与感受是什么？

当学生接受了新知识和方法后，我们主要关注学生是否能运用新知识和方法形成一种思维去解决问题，这就是"本原三学"中聚焦思维发生处的学习。如上述前置研究，学生在前面学习了直线方程的五种不同形式，已知不同的条件可以用不同的直线方程来表示，但"l_1 在 x 轴的截距是_____，在 y 轴的截距是_____"这个问题并没有在知识点处说明，学生会不会做呢？在学生展示过程中，教师可以进行点评、追问、质疑、答疑、纠偏或者激励提升，也可以鼓励引导其他学生进行质疑、辩论等，并对学生们的表现进行点评、对疑点进行讲解，让学生逐步提升能力、素养，聚焦数学思维发生的过程并形成新的知识。后面利用直线方程判断直线位置关系，也不是直接给出结论，而是通过探究3中的(6)(7)(8)题画图，从"形"得出直观关系，再让学生在思维上发生碰撞，思考"(1)$l_1 \parallel l_2$ 的条件是什么？(2)$l_1 \perp l_2$ 的条件是什么？"最后自己总结并小组讨论得出正确的结论。

案例8　"直线与椭圆的位置关系"的前置研究

学习情境创设：

(1)回顾直线与圆的位置关系。直线 $l: Ax + By + C = 0$ 与圆 $C: (x-a)^2 + (y-b)^2 = R^2$ 的位置关系及判断如下表所示。

图示	位置关系	公共点个数	几何特征	直线、圆的方程组成的方程组的解
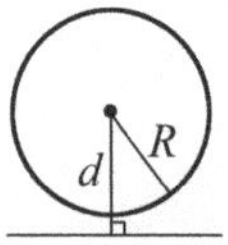				
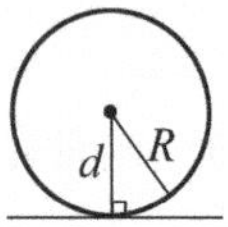				
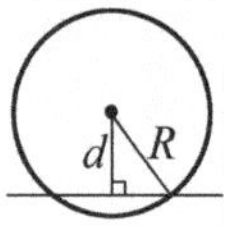				

(2)直线与圆的位置关系中有哪些常见题型？

(3)已知直线 $l: y = kx + m$，圆 $C: x^2 + y^2 = 1$。（练习）

①若 $k = 2, m = -3$，判断直线 l 与圆 C 的位置关系。（有多少种解题方法）

②若 $k = 2$，且直线 l 与圆 C 相交，求 m 的取值范围。（有多少种解题方法）

③若 $k = 1, m = 1$，判断直线 l 与圆 C 的位置关系。若相交，求出弦长。（有多少种解题方法）

探究1：类比直线与圆的位置关系，归纳直线与椭圆的位置关系。

(1)直线 $l: Ax + By + C = 0$ 与椭圆 $C: \dfrac{x^2}{a^2} + \dfrac{y^2}{b^2} = 1$ 的位置关系。

图示	位置关系	公共点个数	几何特征	直线、椭圆的方程组成的方程组的解
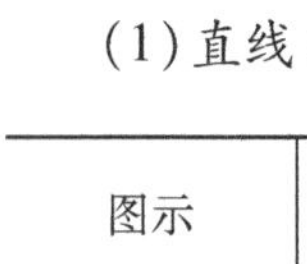				

续表

图示	位置关系	公共点个数	几何特征	直线、椭圆的方程组成的方程组的解

(2)类比直线与圆,直线与椭圆的位置关系中有哪些常见题型?

(3)类比直线与圆,你能完成下面的练习吗?

已知直线 $l: y = kx + m$,椭圆 $C: \dfrac{x^2}{4} + \dfrac{y^2}{3} = 1$。

①若 $k = 2, m = -3$,判断直线 l 与椭圆 C 的位置关系。(有多少种解题方法)

②若 $k = 2$,且直线 l 与椭圆 C 相交,求 m 的取值范围。(有多少种解题方法)

③若 $k = 1, m = 1$,判断直线 l 与椭圆 C 的位置关系。若相交,求出弦长。(有多少种解题方法)

探究2:利用直线与椭圆的位置关系求解参数的值。

例题1:已知直线 $l: 4x - 5y + m = 0$ 和椭圆 $C: \dfrac{x^2}{25} + \dfrac{y^2}{9} = 1$。$m$ 为何值时,直线 l 和椭圆 C:

(1)有两个公共点?

(2)有且只有一个公共点?

(3)没有公共点?

小结1:你能归纳出求解这类问题的方法、步骤吗?

例题2:在平面直角坐标系 xOy 中,已知椭圆 $C: \dfrac{x^2}{a^2} + \dfrac{y^2}{b^2} = 1 (a > b > 0)$ 过点 $P(2, 1)$,且离心率 $e = \dfrac{1}{2}$。

(1)求椭圆 C 的方程。

(2)直线 l 的斜率为 $\dfrac{1}{2}$,直线 l 与椭圆 C 交于 A,B 两点。若 $|AB| = \sqrt{5}$,

求直线 l 的方程。

小结2：你能归纳出求解这类问题的方法、步骤吗？

例题3：已知点 $P(1,1)$ 为椭圆 $\dfrac{x^2}{4}+\dfrac{y^2}{2}=1$ 内一定点，经过点 P 作一条直线交椭圆于 A,B 两点，使此弦 AB 被点 P 平分，求直线 AB 的方程。

小结3：你能归纳出求解这类问题的方法、步骤吗？

为了更好地掌握本节课的知识，你觉得还有哪些题目比较典型？请你找出并记录下来，在小组间交流自己所选的题目。

通过这节课，你学会了什么知识？能解决哪些问题？你的收获与感受是什么呢？

学有余力的同学可再思考：已知直线 $l:y=4x-5$，椭圆 $C:\dfrac{x^2}{4}+\dfrac{y^2}{3}=1$。求椭圆 C 上一点 P 到直线 l 的距离的最大值与最小值。

在"直线与椭圆的位置关系"前置研究中，探究1、2让学生能够通过类比、归纳得出直线与椭圆的位置关系，这是知识从"旧"到"新"的迁移过程，从而促进新方法的形成，如"①若 $k=2,m=-3$，判断直线 l 与椭圆 C 的位置关系。（有多少种解题方法）"学生既可以通过画图解决问题，也可以通过联立方程解决问题，然后讨论解题方法拓展思路；再通过"②若 $k=2$，且直线 l 与椭圆 C 相交，求 m 的取值范围。（有多少种解题方法）"，改变一下题设，让学生发散思维，深入研究，通过思维碰撞，集思广益，最终让知识提升到另一个高度。

案例9 "组合应用中的分组分配问题"的前置研究

学习情境创设：

(1)简单梳理排列组合相关知识和典型题型、方法。

(2)借助所学知识，解决以下问题：

①将2本不同的书分成2组，有多少种不同分法？

②将2本不同的书分给甲、乙2人，有多少种不同分法？

③将3本不同的书分成2组，有多少种不同分法？

④将3本不同的书分给甲、乙2人，有多少种不同分法？

探究1：理解分组问题与分配问题的区别与联系。

第二章 "三学课堂"的前置研学

分组问题：将 n 个不同元素按照某些条件分成 k 组，称为分组问题。分组问题有不平均分组、平均分组和部分平均分组三种情况。

分配问题：将 n 个不同元素按照某些条件分配给 k 个不同的对象，称为分配问题。分配问题有定向分配和不定向分配两种。

探究2：探究分组问题和分配问题的解决方法。

思考并解决以下问题：

(1)将4本不同的书平均分成2组（每组2本），有多少种不同分法？

(2)将4本不同的书分成2组，其中一组1本，另一组3本，有多少种不同分法？

(3)将4本不同的书分给甲、乙2人，每人2本，有多少种不同分法？

(4)将4本不同的书分给甲、乙2人，其中一人1本，另一人3本，有多少种不同分法？

(5)将4本不同的书分给甲、乙2人，其中甲得1本，乙得3本，有多少种不同分法？

你能总结出解题规律、方法吗？

探究3：归纳提炼分组问题和分配问题的解决方法。

例题1：将6本不同的书分成3组，求在下列条件下各有多少种不同分法。

(1)每组2本。

(2)一组1本，一组2本，一组3本。

(3)一组4本，另外两组各1本。

方法提炼：

①平均分组：_____。

②不平均分组：_____。

③部分平均分组：_____。

结论1：_____。

变式1：将6本不同的书分给甲、乙、丙3人，求在下列条件下各有多少种不同分法。

(1)甲2本、乙2本、丙2本。

(2)甲1本、乙2本、丙3本。

(3)甲4本、乙1本、丙1本。

变式2：将6本不同的书分给甲、乙、丙3人，求在下列条件下各有多少种不同分法。

(1)每人2本。

83

(2)一人1本、一人2本、一人3本。

(3)一人4本、一人1本、一人1本。

方法提炼：

①定向分配问题：_____。

②不定向分配问题：_____。

结论2：_____。

通过以上分析不难得出解不定向分配题的一般原则：先分组后排列。

通过这节课，你学会了什么知识？能解决哪些问题？你的收获与感受是什么呢？

此前置研究，教师通过例题1的讲解对方法进行了提炼，让学生用已学知识解决变式1和变式2的问题，变式1是定向分配问题，变式2是不定向分配问题，其中有什么联系和区别？在例题1的方法讲解中并没有细说，这就要求学生在解题中讨论、质疑，再将知识进行聚焦和升华，这就是思维发生处的本原性学习。

通过不断的探索与实践，笔者在前置研究设计领域取得了显著的进步，经常与备课组的其他教师携手合作，精心策划前置研究方案。无论是新课导入、复习课还是讲评课，我们都能创造出适宜的前置研究任务，为"少教多学、先学后教"的教育理念奠定了坚实的基础。

在中学阶段，数学往往是许多学生的"心头大患"。尽管他们怀揣着学好数学的愿望，课堂上也全神贯注地聆听教师的讲解，但不知从何时起，他们的注意力开始涣散，只能看到数学教师嘴唇的开合，大脑却陷入了一片空白，完全无法理解教学内容。特别是数学基础较为薄弱的学生，他们对数学学习怀有深深的恐惧。

因此，前置研究在缓解学生对数学学习的恐惧、引导学生主动探索数学世界方面扮演着至关重要的角色。从前置研究引领的自主学习，到小组合作中的集体研讨，这一流程为学生提供了丰富多样的学习体验，让他们在学习过程中感受到乐趣，从而极大地提升了学习效率，实现了事半功倍的学习效果。

第三章

"三学课堂"的团队互学

第一节 团队互学

学生通过课前的前置研学可以掌握一部分学习内容，而未掌握的部分可以通过团队互学和教师帮学来掌握。在本原教育过程中，教师充分尊重学生，放手让学生进行合作探究，团队互学。团队互学的形式多样，主要包括小组队学、班级群学，就是利用小组团队和班级群体的力量，进一步拓展学生的学习空间，将学生在前置研学中形成的最近发展区进一步向前延伸，更好地发展学生的学习思维，让学生在课堂深度学习中找到思维起点。

一、小组队学

小组队学的具体内容是交流讨论、合作探究前置研学的成果。结伴研讨能够为学生在课堂上深度学习找到思维起点。小组队学的具体要求有：组内学生全面参与，每个组员都要发表自己的见解，要认真倾听他人发言并做好相关记录。小组成员要分工明确，保证合作学习真实、有效，要达成小组共识，解决本节课所学内容中65%以上的问题，形成小组队学成果，并对成果展示的负责人员和展示方式作出安排。同时，教师要能融入小组交流，及时发现学生存在的普遍性问题以及发表的独到的见解，要对每个小组进行监督和巡查，保证合作探究的质量，做到"不议不讲"，即组内交流不充分不得进行组间交流、展示和讲解。这一环节设计最大的优势是解决了教学的重点问题和难点问题，增强了教学的针对性。

例如，对于"几何概型"的概念和特点，教师这样引导学生进行小组队学：

师：今天我们要学习的是"几何概型"。昨天我们已经布置了前置研究，前置研究的第一个任务就是举例说明什么是几何概型，现在请大家小组讨论一下：你们小组想举什么例子？怎么来说明它是一个几何概型？

一个小组在结伴研讨的基础上设计出如下的几何概型例子，并在讨论后形成如下的概念解释。

(1)队学举例，见图3-1。

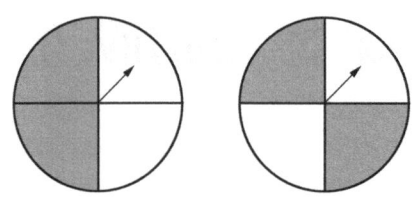

图3-1　几何概型例子

(2)队学解读：两个圆正面有指针。假设指针指到阴影部分处为中奖，指针指到空白处为没有中奖。两个圆都被平均分成四份，第一个圆指到阴影部分的概率为二分之一，第二个圆指到阴影部分的概率也为二分之一。第一个圆阴影部分的位置和第二个圆阴影部分的位置不一样，阴影部分组合成的形状也不一样，但是它们的指针指向阴影部分的概率是一样的。这里的概率与阴影部分的面积占整个圆的面积的比例有关，所以我觉得这是一个几何概型。

通过对学生所举例子准确程度的判断，我们可以真实地了解学生在这个概念学习中存在的知识问题和所具备能力，并从中寻找出思维引导的方向和路径，精准施教。由此，在教学中，我们进一步引导学生将几何概型例子与古典概型相联系，让学生在两者的特点比较中准确建构几何概型的概念。

前置研学是让学生通过自主学习，积累"对话的资本"，以便与其他同学进行交流；而构建学习小组，实施小组队学，则是让学生通过合作学习凝聚团队的智慧，形成团队学习的成果，从而在前置研学的基础上深化对数学概念的理解，提升学生的数学学习最近发展区，为教师的深层引导创造有利条件。

小组队学本质上是一种小组合作学习。在教学过程中，教师应在合理范围内采用高效的小组合作学习模式，令学生的主动性和创造性得以充分发挥，从而帮助学生更加深刻地理解和掌握基本的数学知识和技能、数学思想和方法，使学生得到必要的数学思维训练，获得广泛的数学活动经验。

二、班级群学

"班级群学，展示质疑"，使课堂变成"引力场"，解决学生缺乏学习动力的问题，为学生课堂深度学习创造合适节点。班级群学包括：①展示小组队学成果；②提出有代表性的问题或者疑难问题；③回答、追问、质疑、辩论或补充问题。

　　班级群学的要求：展示的同学都应展现出面向全体同学发言的勇气与自信，确保自己的声音清晰洪亮，让每个人都能听清并理解自己的观点。小组长则需要发挥协调作用，妥善安排展示的分工，确保展示的内容能够全面反映小组的集体智慧和共识。同时，其他学生也需要培养良好的倾听习惯，不仅要认真听取发言内容，还要勤于思考，大胆质疑，勇于辩论，并提出自己的见解或补充信息。展示过程强调互动，追求知识和思想的价值生成，突出质疑的实效，要能帮助学生解决本节课所学内容中 85% 以上的问题。

第二节　学习小组的构建

　　学习小组是团队互学的载体，团队互学能否真实有效地发生，取决于学习小组能否科学构建和有效运作。为了更好地运用"本原三学"课堂教学模式，促进、落实学生的团队互学，笔者将结合多年的教学探索与实践，详细介绍"本原三学"课堂教学模式下的学习小组建设与管理方案。

一、学习小组的功能

　　学习小组既是学生课堂上的"学习共同体"，也是课堂下的"管理共同体"和"成长共同体"。班级成绩的考核评价、操行评价等都以学习小组为单位实行捆绑式管理评价。

二、学习小组的构建

（一）创建学习小组

　　学习小组人数以 4～5 人为宜。分组的基本原则是"组内异质、组间同质"。分组时，班主任要征求科任教师、学生、家长的意见，对学生进行初步定位，将学生从两个不同的维度进行分类：一是按成绩把学生分为好、中、弱三类；二是按性格把学生分为活泼、一般、文静三类。小组成员在这些类型中进行均衡的搭配，保证小组成员中有组织能力强的、有勤于思考的、有善于表达的。同时，选定行政组长，负责组织本组的一切活动。每个小组配备一名指导教师，指导学习小组运行。学习小组的创建旨在让基础扎实的学生有发展，让基础薄弱的学生有进步。一段时间后，根据小组情况及科任教师的意见进行小幅调整，力求实现小组学习效果最优化。

（二）实行组长负责制

每班设两个大组，每个大组设两个中组，每个中组设3~4个小组，分别设大、中、小组长，这些组长统称为行政组长，是该组的负责人，实行组长负责制。行政组长由班主任直接指定或学生民主选举产生，是班级管理的核心成员。每个小组设置若干名学科小组长，学科小组长由组员担任或由行政组长兼任，原则上每名小组成员至少担任一门学科的学科小组长。

（三）建立帮扶与竞争机制

在学习小组内部，可以将两个或三个组员结成学习对子，班内也可以"师徒结对"，建立帮扶机制。小组与小组之间、中组与中组之间、大组与大组之间相互竞争，形成"比、学、赶、帮、超"的学习氛围，以促进学生共同进步、共同提高（如通过附录1、附录2、附录3、附录4来记录小组成员的学习积分、学习情况等）。

（四）营造小组文化

各个小组在教师的指导下制定组名、组训、组规、小组公约、奋斗目标等。组训是小组成员共同的信条，公约是小组成员共同的承诺，涵盖共同进步、互相帮助、人人发言、自控守约等内容。教师引导组员树立"大家好，才是真的好"的团队观念，并对小组文化进行固化，在班内进行展示。

三、学习小组组长的职责

（一）行政组长

学习小组的行政组长全面负责本小组的日常行为规范和学习的管理工作，并实行层级管理。各学习小组的行政组长组成一个团队（班干部），形成班级的核心管理层，协助班主任做好班级的日常管理工作，包括立规、监督和评价。

立规：根据本班实际，制定班规、班训、班歌、班徽及小组评价方案等。

监督：根据学校的规章制度，对小组的出勤、清洁、仪容仪表、纪律（课堂纪律、集会纪律、自习纪律、宿舍纪律)等方面进行监督,对违纪现象进行规劝阻止。督促学科小组长带领组员搞好本学科学习,并对小组的课堂表现、课后作业(收发、质量)、考试成绩等方面进行监督。

评价:根据小组评价方案,评出学习小组的等次。

(二)学科小组长

学科小组长要协助行政组长管理本学科的课堂纪律,全面负责小组本学科的学习管理。

四、学习小组的规范

(一)礼仪规范

"前置研究"环节:课前,小组成员独立学习,独立思考。课堂开始阶段,小组之内或小组之间进行交叉检查,检查要客观公正,可以交流但不得喧哗。

"合作探究"环节:组内要大胆发言,也要懂得礼让。其他同学发言时要注意倾听、做好笔记,不随意打断他人发言,待他人表达完毕后才可以补充、质疑。

"展示质疑"环节:班级展示时要积极主动,不相互推诿,主动承担展示任务。发言时力求脱稿,用语规范,声音洪亮,板书工整。发言前使用"我们小组认为……"发言后使用"谢谢、请本组同学补充、请其他小组指正"等语言。没有展示任务的本组同学要注意倾听,做好记录,并及时补充或质疑。

"激励提升"环节:在教师引导、点拨、纠偏、补漏、评价的时候,学生要认真聆听,做好记录。

(二)内容规范

无论是组内交流还是组间展示,既要讨论答案对错,又要搞清为什么、错在哪里、症结何在、包含了哪些知识点、运用了哪些方法等。

(三)机会规范

课堂上要对强势学生进行发言调控,尽量让学生发言均匀,对学困生多进行鼓励。在评分标准上,可适当向学困生倾斜。

（四）纪律规范

每个小组要有一本纪律记录本，专由小组记录员进行记录，内容包括：×年×月×日，语文课，××同学积极投入讨论交流，乐于展示，或×年×月×日，数学课，××同学讨论时开小差。教师要定期检查纪律记录本，适时进行监督、教导。

（五）习惯规范

在讨论或者展示时，教师要引导学生边听边做笔记，逐步培养学生倾听和记录的习惯。为了避免小组讨论流于形式，教师可以给各小组分发各科的交流记录本，由学科小组长负责协调小组成员交流，并做好记录。教师要定期检查交流记录本，适时进行监督、教导。

第三节　学习小组的运作

学习小组在学生学习的各个阶段——课前准备、课堂互动及课后复习中，均能发挥显著作用。有效运用学习小组模式，能够极大提升学生的学习效率，达到事半功倍的效果。然而，仅仅组建好学习小组并不足以保证其效能的自动发挥。教师在整个教学过程中扮演着至关重要的角色，需要亲自介入，对学习小组进行明确的指导、密切的监控以及必要的调整，从而确保学习小组能够顺利运作并发挥最佳效果。

一、学习小组的运作模式

（一）课前的小组学习

在传统的课堂上，大部分教师为了照顾多数学生，往往会分配大量时间在中等难度的内容上，而导致"好学生吃不饱，学困生吃不了"。而"本原三学"课堂模式则能够最大限度地改善这一现状。学生在课前依据前置研究的导向预习新内容时，由于各自基础和能力的差异，对新知识的掌握程度自然会有所不同。鉴于课堂时间宝贵且有限，教师通常只能聚焦于前置研究中普遍反映出的难点问题进行集中讲解。这样一来，对于那些基础中等或相对薄弱的学生而言，他们可能还遗留了许多未解之谜。因此，课前的小组学习活动显得尤为重要，它主要以小组队学的形式展开，使得基础较弱的学生能够从已掌握内容的同学那里获得帮助，解决自己的疑惑。而在课堂上，教师就只需集中精力处理那些学生们在课前未能解决的共同问题，这样的教学模式既能让基础较弱的学生不至于在课堂上掉队，又能显著提升课堂的效果。

此外，班级中难免存在学习动力不足或缺乏自觉性的学生。将这些学生置于学习小组的环境中，可以让他们受到组内那些自觉、勤奋学习同伴的积极影响，从而被带动起来。在这样的集体中，他们不仅能获得来自同伴的宝贵帮助，还能受到组长的有效监督和指导，从而激发学习潜能，在学习上取得明显的进步。

学习小组在不同的学科或同一学科不同教学内容或任务中有不同的运作方式。如果前置研究任务为客观题的话，学习小组的作用主要体现在共同解决问题上，具体操作如下：小组成员先独立做前置研究任务，搞清楚这节课要掌握的内容和通过自学解决不了的问题；自学后，成绩中等的同学向成绩好的同伴请教，成绩最弱的同学向成绩中等的同伴请教，解决一些自己不能解决的问题；上课前，学科小组长把组内同学都不能解决的问题汇总，并提交给教师。如果前置研究任务为主观题的话，学习小组的作用主要体现在成员分享后形成小组的学习成果上，具体操作如下：小组成员先对前置研究案中的主观题发表自己的见解或提出自己的方案，组长将成员的见解或方案汇总并优化，形成小组的学习成果，以供课堂上展示。

（二）课中的小组学习

在"本原三学"课堂教学模式里，课堂除了进行小组队学外，更是班级群学的主阵地。班级群学主要是解决小组内通过小组队学的讨论仍无法解决的问题或分享小组内形成的学习成果。具体操作如下：若是客观题，各学科小组长课前将组内无法解决的问题交给学科代表，学科代表汇总后根据各小组完成前置研究任务的情况，安排能解答其他小组问题的组在课堂上进行讲解，并将所有同学都无法解答的题交给科任教师，在课堂上通过教师帮学达到解决所有问题的目的；若是主观题，学科代表课前收集各小组通过小组队学形成的学习成果，并挑选几份较好的成果让那几个小组在课堂上进行展示，供全班学生共同学习。

（三）课后的小组学习

经过前置研学、团队互学、教师帮学，大部分学生能够掌握本节课的内容，但可能还存在少部分学生仍未掌握一些难的内容，这就需要小组的再帮扶，使所有学生掌握该节课的所有内容。另外，上完课后，学生对所学内容需要进行复习巩固，小组成员间可以进行互相监督和检查，以达到更好的学习效果。

二、学习小组的语文学科应用案例与分析

下面以语文学科为例，具体阐述学习小组在课堂上的实际运作。

（一）小组队学中的"语文味"教学法研究

按照"组内异质，组间同质"的原则把班级分成6个或8个班级合作学习小组，组内同学全面参与，每个同学在学习小组中发表自己的见解，分享交流前置研究的学习任务，通过不同的语言实践活动完成课程内容中不同的学习任务。

1. 真实情境中的深体验。

文学类文本学习注重使学生在感受形象、品味语言、体验情感的过程中提高文学鉴赏能力，以小组为单位的角色扮演、话剧表演等情境体验式的活动，引导学生还原情境，饰演不同的人物角色，体会不同人物在真实情境下的心理变化。

2. 社会热点下的真关切。

实用类文本学习注重引导学生学习当代社会生活中的实用语文，引导学生多角度观察社会生活，并用口头与书面形式进行交流。小组内的探究学习可以是社会交往类的活动，如大众演讲，也可以是新闻传媒类的活动，如新闻作品评选、电视演讲与讨论以及组间的辩论赛等。

3. 经典名著的互动分享。

按照新课标要求，组织学生在指定范围内选择阅读一本长篇小说，由小组内部定期自行组织学习活动，完成教师提出的专题学习目标，与他人交流自己的阅读鉴赏心得，并通过合作手抄报、思维导图演示交流等合作方式进行整本书阅读。

（二）班级群学中的"语文味"教学法研究

班级群学中的"语文味"教学法主要体现在教师从宏观上把握语文教学活

动整体走向，在小组展示学习成果时及时引导、适当点拨，在关键处"点睛"，从而实现师生的共生、共赏、共创、共享、共鸣、共进。具体地，结合语文学科特点主要从以下四方面进行。

1. 朗诵吟咏，读出"语文味"。

通过自由朗读、示范朗读、品味朗读等方式让学生达到朗读吟咏的四重境界：读准确，即读准重点字音；读流利，即节奏分明；读出感情，即体会作者当时的情感；读出自我，即带着自己的经验、知识、阅读期待与作者心灵相通，进而读出自己的特色。

2. 嚼词析句，品出"语文味"。

通过教师选点和自主体会两种方式引导学生对文本精妙之处进行深入推敲和潜心体悟。教师选点，即教师以课文中一个字、词或句子或以课文文体、标题等作为切入点让学生推敲体悟；自主体会，即让学生自主选择"我最喜爱的语句""最打动我的句子"等进行品味斟酌。

3. 主题挖掘，悟出"语文味"。

部编版高中语文新教材以"人文主题"组织单元学习任务，聚焦"理想信念""文化自信""责任担当"三大主题，充分考虑新时代高中生人格和精神成长需要。所选文章既有知识之美，也有情感之美，更有艺术之美。课堂上引导学生深入解读文本，挖掘主题的深度，拓展主题的广度，引领学生披文入情感悟生命哲理，品味文化意蕴，享受文学魅力。

4. 课堂练笔，写出"语文味"。

课堂上的写作训练可以让学生在语言实践中进行积累和内化，教师或根据单元训练要求或挖掘课文与练笔的关联点，为学生提供随文练笔的素材，让学生的"写"不是凭空想象或生拼硬凑，而是言之有物，诉之有情，把写作活动有机地渗透在阅读教学、活动教学中，从而实现语文课堂的超越。

附录1 小组评比加分、扣分细节

1. 加分。

（1）合作愉快(组员都乐于听从组长安排)的小组，每人加2分；

（2）讨论积极热烈、纪律好(没人讲话、开小差、睡觉、吃东西)的小组，每人加2分；

（3）积极主动发言的加2分，声音响亮的再加1分，回答正确的再加1分；

（4）主动评价、补充其他小组(同学)的加2分，评价好的再加2分；

(5)主动展示交流成果的加2分,展示效果好的再加2分;

(6)抢答多、答得好的加2分;

(7)按要求做好笔记的加2分;

(8)主动帮助别人的加3分,乐于帮助别人的加2分;

(9)每周所有作业,小组所有组员都按时完成的小组,每人加5分;

(10)每次小测,平均分第一名的小组每人加6分,第二名的小组每人加4分,第三名的小组每人加2分,第四名的小组每人加1分;

(11)期中、期末考,平均分第一名的小组每人加10分,第二名的小组每人加8分,第三名的小组每人加5分,第四名的小组每人加3分;

(12)主动承担讲课任务,讲得好的小组每人加5分;被动承担讲课任务,讲得好的小组每人加3分。

2. 扣分。

(1)整节课都不回答问题,也不评价他人的小组,每人扣1分;

(2)不积极交流、纪律差(讲话、开小差、睡觉、吃东西)的小组,每人扣2分,攻击、讥讽他人的扣3分;

(3)没按要求做笔记的扣1分,每次不交作业的扣2分;

(4)每次小测,平均分倒数第一名的小组每人扣3分,倒数第二名的小组每人扣2分,倒数第三名的小组每人扣1分;

(5)期中、期末考,平均分倒数第一名的小组每人扣6分,倒数第二名的小组每人扣4分,倒数第三名的小组每人扣2分。

3. 个人、小组评价每月总结一次(个人评前5人,小组评前2组),下个月考核分值从零开始重新累积。

4. 对于在总结中排名靠后的小组,他们可以在接下来的两个星期内申请另一组同学作为帮扶小组来协助他们提升。如果在下一次总结中,被帮扶的小组显示出进步,那么该小组将获得加分,具体为每进步一个名次加5分,进步两个名次加10分,以此类推。同时,帮扶小组也将获得相应的加分,加分规则同样为帮助对方每进步一个名次加5分,进步两个名次加10分,以此类推。

5. 若某同学在其所在小组内首次回答问题,则可为该小组及个人加分;但若连续第二次仍由该同学回答,则不再为小组及个人额外加分。只有当小组内的每位成员都轮流回答过至少一次问题后,之前已经回答过的同学再次参与回答时,才可以再次为小组及个人加分。

附录2 登分表(节选)

高一(1)班小组学习积分表

情况				课堂表现					作业					合计
队长	组别	组长	组员	周一	周二	周三	周四	周五	周一	周二	周三	周四	周五	
彭××	一	刘××	刘××											
			蔡××											
			黄××											
			李××											
	二	林×	林×											
			曾××											
			贾×											
			温××											
	三	彭××	彭××											
			钟××											
			杨××											

小组登记表第　　周

		组员						合计
		钟××	陈××	黄××	肖××	杨××	彭××	
课堂表现	周一							
	周二							
	周三							
	周四							
	周五							
作业	周一							
	周二							
	周三							
	周四							
	周五							

组长：　　　　作业评改员：　　　　记录员：　　　　检查员：

附录3 激励小妙招

(1)在班级公布栏上公布表扬；

(2)奖励笔或笔记本；

(3)情况允许的话，奖励一节自由活动课；

(4)晚自习时间观看一场电影；

(5)给家长发喜报，并在家长群表扬；

(6)可以要求家长奖励一本书；

(7)自己提出合理要求，只要合理，教师全力配合；

(8)将优秀小组推送到学校公众号并授予荣誉证书。

附录4 小组学习评价表

高二(2)班小组学习评价(十四周)

组别	组员	周一 课堂	周一 作业	周二 课堂	周二 作业	周三 课堂	周三 作业	周四 课堂	周四 作业	周五 课堂	周五 作业	总计	合计	人均贡献分数	优秀小组	积极之星
一	苏××			3	10	3		3	4			23	78	13	▲	★
	康××			3	5	1		3				12				
	姚××			1	5	1		2				9				
	何××			3	5	1		2	2			13				
	赖××			1	8	1		2				12				★
	列××			1	5	1		2				9				★
二	关××			-3	8	1		3	4			13	62	10		
	王××			2	5	1		3				11				
	夏××			-3	5	3		2				7				
	陈××			-3	5	3		2				7				
	郭××			1	7	-1		2	4			13				★
	朱××			-3	11	1		2				11				★
三	黄×			1		1		1				3	-5	-1		
	黄××			-3	2	-1		1				-1				
	陈××			-3		-1		-1				-5				
	周××			1		-1		1				1				
	田××			-3		-1		1				-3				
四	文×			1		1		2				4	25	4		
	李××			1	4	0		2	4			11				★
	林××			1		0		3				4				
	萧××			3		0		2				5				
	刘××			-2		0		1				-1				

附录5 小组学习——语文早读背默登记表

高一(　)班语文早读背默登记表

小组序号：　　　　　组名：　　　　　组长：

时间	姓名	周二内容		周四内容		速记抽查	晚测抽查
		背诵	默写	背诵	默写		
第　周							

三、学习小组的英语学科应用案例与分析

小组合作下高中英语词汇学习策略训练的实效研究[①]

词汇是建构语言的基本材料，也是发展各种语言技能的基本要素。词汇在语言系统中的基础性地位决定了词汇学习的重要性，学习者的英语词汇水平直接影响着听、说、读、写的能力和水平，从词汇着手则能带动整个语言学习。英语词汇学习的成功与否，在很大程度上决定了整个英语学习的成功与否。但词汇具有数量大、规律性不强和难以控制等特点，常给学习者带来很大的困难。词汇的教和学是高中英语教学中很重要却非常薄弱的一个环节。如何帮助学生学习和掌握词汇是教师们关注的重点。

一、研究背景

高中英语词汇量大，词汇学习任务重，《普通高中英语课程标准(2017年版2020年修订)》规定，普通高中英语必修课程的词汇量要求为2000个单词，选择性必修课程应学习和掌握1000个单词，累计达3000个单词。词汇的获得

---

① 该教学论文作者为增城区第一中学黄智鹰、胡首双。

不仅依赖于课堂的学习,也要通过课外的学习。因此在高中阶段,教师不仅要教授词汇知识,而且要发展学生学习词汇的自主性和独立性,发展学生运用学习策略的能力。许多研究表明,词汇学习策略的使用有助于学生词汇水平的提高。然而,至今未有某个方法或策略可以解决所有的英语词汇学习问题,学习者在学习词汇的过程中需要用到很多策略。因此,制定一个全面、系统的高中词汇学习策略分类很有必要,它能为高中词汇学习策略训练提供明确的内容。

发展学生运用词汇学习策略的能力是一项非常艰巨的任务。第一,高中一个班级的人数多达五六十人,仅仅依靠一个教师的力量是难以实现的。第二,词汇学习策略的分类较多,不易被学生掌握。第三,高中英语教学任务繁重,教学时间非常有限,培养学生运用词汇学习策略的能力却比较耗时。基于以上三方面的困难,笔者将小组合作学习与高中词汇学习策略训练相结合,并通过准实验法,比较小组合作学习下的词汇学习策略训练方式和集体词汇学习策略训练方式,在提高学生使用词汇学习策略的频率、促进学生自学词汇和提高学生词汇成绩方面的效果是否存在差异。

二、词汇学习策略分类

笔者通过查阅文献发现,国内外学者对词汇学习策略做过许多研究,内容主要集中在以下几个方面:一是关于词汇学习策略的定义和分类;二是善学者在词汇学习中使用的策略;三是善学者和不善学者在使用词汇学习策略上的差异;四是使用词汇学习策略、词汇成绩和影响策略选择的因素之间的关系;五是词汇学习策略训练的方式和效果。

国内外学者普遍把词汇学习策略视为语言学习策略的一个分支,但对其定义和分类,至今未形成统一的认识。关于词汇学习策略的分类,Schmitt(2002)[1]总结得最为全面,他将词汇学习策略分为发现新单词意思的策略(决定策略、社交策略)和巩固单词的策略(社交策略、记忆策略、认知策略、元认知策略)。但是该策略中的很多方法并不经常被用到,不适合进行词汇学习策略训练。李宋昊(2003)[2]根据词汇学习所需经历"输入—内化—输出"的过程,提出了一个词汇学习策略分类,包括认知策略、记忆策略、运用策略、调控策略和资源策略。该分类适合中学生学习词汇时使用,但还不够全面,未将社会/情感策略纳入其中。

---

[1] SCHMITT N. Vocabulary learning strategies [C] // In Schmitt, N. & M. McCarthy (eds.). Vocabulary: Description, Acquisition and Pedagogy. Shanghai: Shanghai Foreign Language Education Press, 2002.

[2] 李宋昊. 中学英语词汇学习策略量表的设计[J]. 山东师范大学外国语学院学报(基础英语教育), 2003(1): 15-17.

笔者通过阅读相关文献获取前人的经验，结合高中词汇教和学的实际情况，制定出一个全面、系统的词汇学习策略分类(表3-1和图3-2)，并根据该词汇学习策略分类开展全面的词汇学习策略训练，帮助学生从词汇的输入到输出过程学会使用有效的词汇学习策略，提高词汇学习成绩和学习能力。

表3-1　高中英语词汇学习策略

认知策略	结合语境法、使用词典、构词法、视听法、猜测、母语翻译法
记忆策略	根据发音记忆单词拼写、笔记法、使用图象、联系词的近义词和反义词、联想法、重复、分类、关键词法
运用策略	做词汇练习；用新词造句
调控策略	清晰目标：制定词汇学习长期和近期的目标；分清接受性和产出性词汇，并明确词汇的学习目标。 事先计划：合理做好自学和复习词汇的规划。 指导注意力：清楚哪些词汇需要重点注意哪些方面；注意课堂中、教材中、学习辅导书或其他英语学习资源中对自己有用的内容。 自我监控：检查自己是否落实计划；检验自己的词汇学习方法是否有效；检测自己是否掌握好目标词汇。 自我评估：评价自己词汇学习的效果，总结有效的词汇学习方法。 自我调节：如果自己的词汇学习效果不佳，调整好学习的方法或策略
资源策略	有效地使用学习辅导资料或词典；通过其他资源来巩固或扩大词汇量、拓展词汇知识，如英文歌曲、电影等
社会/情感策略	寻求教师或伙伴的帮助；和伙伴交流词汇学习的心得或收获；合作学习；调控自己的情绪和情感；鼓励自己

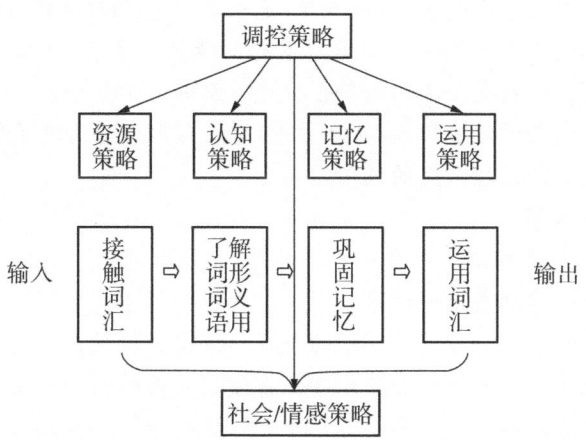

图3-2　高中英语词汇学习策略分类之间的关系

三、研究设计与实施

(一)研究问题

(1)实验班和控制班在训练后使用词汇学习策略方面是否存在差异？

(2)基于小组合作的词汇学习策略训练是否更有助于高中生提高自学词汇的效果？

(3)基于小组合作的词汇学习策略训练是否更有助于高中生提高词汇学习成绩？

(二)实验

笔者选取98位来自广州市某学校高一年级两个英语水平相当的平行班的学生作为实验对象，其中一个班为实验班，另一个为控制班。实验班49位学生接受小组合作学习下的词汇学习策略训练，控制班49位学生则接受集体词汇学习策略训练。词汇策略训练为期8周。训练前，两个班的学生均参与了词汇学习策略问卷调查前测和词汇前测，训练后，均参与了词汇学习策略问卷调查后测和词汇后测。

(三)研究工具

本研究采用了3种工具，即词汇测试、英语词汇学习策略量表和学生每周词汇学习安排表。

词汇测试采用了3种测试工具，包括词汇前测、自学后的词汇测试和词汇后测。词汇前测采用了Nation(2007)①提供的The Vocabulary Levels Test(2000词水平)。自学后的词汇测试包括两部分，即中译英、英译中，总分为50分(见附录2)。词汇后测包括即时测试和延时测试，用于受试学完整个单元后和为期8周训练后的词汇水平，总分为100分(见附录3和4)。

英语词汇学习策略量表(见附录1)是在李宋昊(2003)提供的量表的基础上改编的，旨在调查学生使用词汇学习策略的情况，共有30项，每项的使用情况采用5分制，分别代表不同的符合程度，总分为150分。

学生每周词汇学习安排表(见附录5)旨在帮助学生清晰了解自己的学习过程，也有利于教师监控学生的词汇学习。

(四)研究步骤

1. 高中生英语词汇学习情况问卷调查。

在高一第一学期期中考试后，笔者对两组受试学生进行了关于词汇学习的问卷调查，了解学生学习英语词汇的态度、方法和情况，并使用词汇学习策略量表测试受试学生，确保两组受试学生在学习英语的兴趣和动机方面没有显著

---

① NATION I S P. Managing Vocabulary Learning [M]. Beijing: People's Education Press, 2007.

的差异。

2. 实验前测。

实验前采用 Nation(2007)所提供的 The Vocabulary Levels Test(2000 词水平)进行前测，确保两组受试学生的成绩没有显著性差异，排除其他干扰因素，然后任意选择一组为实验班，另外一组则为控制班。

3. 实验实施。

本研究使用人民教育出版社出版的高中英语必修一中第五单元至必修二第三单元的内容，每个单元的教学时间为两周，一共进行为期 8 周的实验研究。在 8 周的实验时间里，笔者给两组受试学生实施同样内容的词汇教学，教授同样的词汇学习策略，唯一不同之处在于控制班采用集体词汇学习策略训练方式，实验班则采用小组合作学习下的词汇学习策略训练方式，排除其他干扰因素，有效地检验基于小组合作方式与基于集体训练方式的词汇学习策略训练对高中生词汇学习的效果是否有差异。具体实施步骤如下。

第一阶段：在高一第一学期期中考试后，笔者对受试学生强调英语学习和英语词汇学习的重要性。之后在班主任的配合下，将实验班的学生按"组内异质，组间同质"的原则分成 12 个小组，为下一步实施词汇学习策略训练做准备。每个小组为 4～5 人，小组里中考英语成绩 120 分以上的为 Level A 学生，担任小组长，帮助和监控组员的词汇学习，中考英语成绩 100 分以下的为 Level C 学生，其余的为 Level B 学生。

第二阶段：开始高中英语必修一中第五单元的教学前，笔者指导受试学生如何为词汇学习制定计划和如何在自学词汇过程中做好笔记，并要求两个班的学生预习该单元的新词汇。然后，笔者在第一单元的第一课时的前 15 分钟检测两个班学生在周末自学词汇的效果，检测后再进行词汇教学。在该单元所有教学结束后对学生进行单元词汇测试。

关于词汇学习策略训练，主要在课堂中对受试学生进行认知策略和记忆策略的训练。笔者通过引导受试学生确定目标和做计划、批改受试学生的作业、给受试学生听写和检测受试学生的词汇学习，对受试学生进行调控策略的训练。同时鼓励受试学生使用资源策略、运用策略和社会/情感策略。

笔者在控制班采用集体词汇学习策略训练方式，在实验班则采用小组合作学习下的词汇学习策略训练方式。小组合作学习体现在预习词汇时小组成员共享预习词汇做的笔记或学习词汇的资源、词汇课中小组内合作及小组间竞争、小组成员互改词汇听写和测试题、小组内互相监督和帮助成员学习词汇。

第三阶段：重复第二阶段的做法，完成后面 3 个单元的词汇教学及整个英语教学内容，对两个班的学生进行每个单元的自学词汇测试及单元词汇测试。

最后进行词汇水平后测和词汇学习策略量表测试,对比两组受试学生在运用词汇学习策略的频率及词汇学习的效果方面是否存在差异,从而回答3个研究问题。

(五)研究结果

1. 词汇学习策略量表前后测试结果比较。

词汇学习策略量表前后测试结果的成对样本检验显示,实验班后测的平均值比前测的高5.37分,P值为0.022(小于0.05),说明实验班在8周的训练后,使用词汇学习策略频率提高了;控制班后测的平均值比前测的高0.8分,P值为0.654(大于0.05),说明控制班在8周的训练后,使用词汇学习策略的频率有所提升,但无显著差异(表3-2)。

表3-2 词汇学习策略量表前后测比较描述统计分析结果

组别	M		Sig.
	前测	后测	
实验班	74.14	79.51	0.022
控制班	74.96	75.76	0.654

实验班各类词汇学习策略前后测结果的成对样本检验显示,实验班使用调控策略、认知策略、记忆策略、运用策略和社会/情感策略的频率都有所提高,使用资源策略的频率反而下降了,P值分别为0.007(小于0.05)、0.008(小于0.05)、0.021(小于0.05)、0.084(大于0.05)、0.585(大于0.05)、0.295(大于0.05),说明实验班在8周的训练后,使用调控策略、认知策略和记忆策略的频率显著提升(表3-3)。

表3-3 实验班各类词汇学习策略前后测比较描述统计分析结果

词汇学习策略类别	前测	后测	MD	SD	Sig.
调控策略	2.47	2.67	-0.20	0.19	0.007
资源策略	2.68	2.60	0.08	0.06	0.295
认知策略	2.48	2.72	-0.24	0.14	0.008
记忆策略	2.37	2.53	-0.16	0.10	0.021
运用策略	2.10	2.41	-0.31	0.06	0.084
社会/情感策略	2.63	2.76	-0.13	0.48	0.585

控制班各类词汇学习策略前后测结果的成对样本检验显示,控制班使用调

控策略、资源策略、认知策略、记忆策略和运用策略的频率都有所提高，使用社会/情感策略的频率反而下降了，P值分别为0.759（大于0.05）、0.500（大于0.05）、0.454（大于0.05）、0.454（大于0.05）、0.570（大于0.05）、0.772（大于0.05），说明控制班在8周的训练后，使用调控策略、资源策略、认知策略、记忆策略和运用策略的频率提升不显著（表3-4）。

表3-4 控制班各类词汇学习策略前后测比较描述统计分析结果

词汇学习策略类别	前测	后测	MD	SD	Sig.
调控策略	2.60	2.63	-0.03	0.26	0.759
资源策略	2.38	2.40	-0.02	0.03	0.500
认知策略	2.59	2.67	-0.08	0.25	0.454
记忆策略	2.24	2.32	-0.08	0.21	0.454
运用策略	2.19	2.28	-0.08	0.14	0.570
社会/情感策略	2.60	2.49	0.11	0.80	0.772

2. 最后一次自学后词汇测试结果比较。

最后一次自学后词汇测试结果的独立样本检验显示，实验班的平均值比控制班高8.53分，P值为0.000（小于0.05），说明实验班在8周的训练后，自学词汇的效果明显优于控制班（表3-5）。

表3-5 最后一次自学后的词汇测试结果比较描述统计分析结果

组别	实验班	控制班	Sig.
M	22.43	13.90	0.000

3. 最后一次即时词汇测试结果比较。

最后一次即时词汇测试结果的独立样本检验显示，实验班的平均值比控制班高11.29分，P值为0.004（小于0.05），说明实验班在8周的训练后，单元词汇学习的效果明显优于控制班（表3-6）。

表3-6 最后一次即时词汇测试结果比较描述统计分析结果

组别	实验班	控制班	Sig.
M	61.94	50.65	0.004

4. 延时词汇测试结果比较。

延时词汇测试结果的独立样本检验显示，实验班的平均值比控制班高13.86分，P值为0.002（小于0.05），说明实验班在8周的训练后，总体词汇学习的效果明显优于控制班（见表3-7）。

表3-7 延时词汇测试结果比较描述统计分析结果

组别	实验班	控制班	Sig.
M	60.08	46.22	0.002

四、研究结论

(一)主要发现

第一,训练后,实验班使用词汇策略的频率总体上有明显提高,而控制班虽有提高,但不明显;实验班资源策略的使用率和控制班社会/情感策略的使用率没有提高反而下降。在实验班调控策略、认知策略和记忆策略使用率的提高是显著的,而在控制班所有策略使用率的提高都不显著。

第二,小组合作学习下的词汇学习策略训练激发了学生的学习动机和潜力,让学生有更清晰的词汇学习目标,学生在落实学习任务、参与课堂教学和使用词汇策略方面也更积极。训练后,实验班在自学词汇测试、即时测试和延时后测中的成绩也明显优于控制班,而两个班在延时后测中的成绩差异更大。

(二)教学启示

第一,在高中阶段,学生掌握词汇学习策略是非常必要的。教师应该在课堂教学中渗透词汇学习策略的训练,并通过布置任务的方式让学生在词汇学习中使用学习策略。

第二,不同词汇学习策略训练方式会有不同的效果,小组合作学习下的训练方式优于集体的训练方式。小组合作学习下的训练方式能让词汇学习策略的训练落实得更好,小组成员之间的交流、互助和监督更有利于学习。

第三,采用小组合作学习下的训练方式需要进行周全的考虑和细心的安排,确保小组成员之间的合作需要一套"奖惩机制"。此外,小组长的培养是确保合作顺利进行的关键。

第四,定期的词汇测试对于学生自我诊断学习效果和教师了解学情很重要。高中阶段会有很多测试,但词汇测试却未得到应有的重视。测试对于教学有很重要的促进作用,教师应该利用好词汇测试来促进学生的学习。

附录1 英语词汇学习策略量表

亲爱的同学:

你好!以下是一份英语词汇学习策略量表。本量表旨在了解同学们使用英语词汇学习策略的情况。量表中所有的问题没有对错之分,也不会对你的英语成绩或者其他方面有任何影响,你填写的资料只用于研究,请放心如实地填写,确保你的回答与你的实际情况相符。完成后请检查是否有漏填的题目,谢谢你的支持与配合!

本部分量表中每项的使用情况采用5分制,分别代表不同的符合程度:1代表完全不符合我的实际情况;2代表不太符合我的实际情况;3代表比较符合我的实际情况;4代表大部分符合我的实际情况;5代表完全符合我的实际情况。

请你评价其中每项与你的实际情况相符合的程度,在相应的数字下打"√"。请注意,你所选择的数字表示你实际上是这样做的,并不表示你认为这种做法适合你。

题号	内容	1	2	3	4	5
1	我会结合课文来理解单词的意义和用法					
2	我会用构词法来帮助自己理解单词(如:词根词缀)					
3	我会把单词和个人经历联系起来					
4	我会通过分析词性(如:名词,动词,形容词)来理解单词					
5	我会利用辅导资料的例句来理解单词的意义和用法					
6	我会利用词典或电子词典来帮助自己学习词汇					
7	遇到生词的时候,我会根据上下文猜测它的意思					
8	我会根据读音记忆单词					
9	我会积极发挥自己的联想来记忆单词					
10	我会用单词卡片或单词记录本来帮助自己复习单词					
11	我会将词汇分组归类(如:动物,身体部分,花)加以记忆或巩固					
12	学习词汇后我会通过相应的练习来巩固词汇					
13	我会用所学的词汇进行造句					
14	我会根据自己的情况制定词汇学习的长期和短期目标					
15	在学习新单元前我会预习即将学习的词汇					
16	我会合理安排学习词汇的时间和数量					
17	我清楚哪些词汇是需要会使用的,哪些是只需要能辨认的					
18	我清楚哪些词汇需要重点注意的方面					
19	我会注意课堂中老师提供的对自己有用的内容,并做好笔记					
20	我会及时复习所学的词汇					
21	我会定期检测自己学习词汇的效果					
22	我会重视在学习词汇中出现的错误,并及时改正					

续表

题号	内容	1	2	3	4	5
23	我会根据自己学习词汇的效果调整学习词汇的方法					
24	我会通过课外的阅读来巩固和扩大词汇量					
25	我会通过使用英语语言媒介（如：歌曲、电影、报纸、传单、互联网、杂志等）巩固或扩大词汇量、拓展词汇知识					
26	我会与同学合作来一起学习词汇					
27	我会和同学交流学习词汇的心得或收获					
28	在学习词汇过程中我能调控好自己的情绪和情感					
29	学习词汇遇到困难时我会寻求老师的帮助					
30	学习词汇遇到困难时我会寻求同学的帮助					

附录2　The Last Vocabulary Test after Self-learning

Book 2 Unit 3 Vocabulary Test

班级_____　姓名_____　学号_____　成绩_____

一、翻译下列单词（每空1分，共42分）

1. sum n. _____　　　　2. operator n. _____
3. technology n. _____　　4. revolution n. _____
5. intelligence n. _____　　6. reality n. _____
7. tube n. _____　　　　8. network n. _____
9. happiness n. _____　　10. application n. _____
11. coach n. _____　　　12. appearance n. _____
13. character n. _____　　14. niece n. _____
15. virus n. _____　　　　16. finance n. _____
17. goal n. _____　　　　18. rocket n. _____
19. artificial adj. _____　　20. mobile adj. _____
21. total n./adj. _____　　22. personal adj. _____
23. intelligent adj. _____　24. universal adj. _____
25. logical adj. _____　　26. electronic adj. _____
27. technological adj. _____　28. artificial adj. _____
29. logical adj. _____　　30. calculate v. _____
31. solve v. _____　　　32. arise v. _____
33. explore v. _____　　34. download v. _____

35. simplify v. _____
36. totally adv. _____
37. anyhow adv. _____
38. logically adv. _____
39. personally adv. _____
40. mop v./n. _____
41. signal v./n. _____
42. type v./n. _____

二、翻译下列短语(每空 1 分，共 8 分)

1. from...on _____
2. as a result _____
3. so...that... _____
4. human race _____
5. in a way _____
6. with the help of _____
7. deal with _____
8. watch over _____

附录 3 The Last Real-time Test

Book 2 Unit 3 Vocabulary Test

班级_____ 姓名_____ 学号_____ 成绩_____

一、翻译下列划线的单词(每空 2 分，共 30 分)

1. You should think logically and simplify your writing.
　　　　　　　　(　　)　　　(　　)
2. Sometimes we can judge a person's character by his or her appearance.
　　　　　　　　　　　　　(　　)　　　　　　(　　)
3. The naughty boy is spoilt by his parents.
　　(　　)　　(　　)
4. They outfitted the coach with an artificial leg.
　　　　　　　(　　)　　　(　　)
5. The two viruses are totally different.
　　　(　　)　　(　　)
6. This kind of technology is wildly used in calculating.
　　　　　(　　)　　　　　　(　　)
7. Her application for a finance organization was turned down.
　　(　　)　　(　　)
8. Overpopulation is a universal problem.
　　　　　　　(　　)

二、根据所给的中文意思，用本单元所学的单词或短语完成句子(每空 4 分，共 40 分)

1. _____(在某种程度上), it can develop the students' ability to _____(解决) problems.

2. All singers kept together. _____(结果), their performance was successful.

3. I am not fond of this _____(类型)of _____(电子的)music.

4. In _____(现实), the effect of emotional _____(智力)to job pressure and job performance is obvious.

5. _____(就个人而言), I would like to _____(探索)some interesting things.

6. The leaders saw the visit as an important _____(信号)of support.

三、翻译下列句子(每题6分，共30分)

1. 他跑得太快以致我捉不到他。
2. 你打算如何处理这些报纸？
3. 在老师们的帮助下，我在学习上取得了进步。
4. 随着社会的发展，新的问题会发生。
5. 自从那以后，我们成了好朋友。

附录4　Delayed Test

Book 1 Unit 5 – Book 2 Unit 3 Vocabulary Test

班级_____　姓名_____　学号_____　成绩_____

一、翻译下列划线的单词(每空2分，共30分)

1. <u>Cultural</u> relics should be examined <u>regularly</u>.
   (　　)　　　　　　　　　　　　(　　)

2. The <u>president</u> promised to do his best to change the <u>unfair</u> situation for
   (　　)　　　　　　　　　　　　　　　　　　　　(　　)
black people.

3. Which <u>dynasty</u> the <u>jewels</u> are from is still a <u>mystery</u>.
   (　　)　　(　　)　　　　　　　(　　)

4. Many children's programs have too much <u>violence</u> and <u>terror</u>.
   (　　)　　(　　)

5. With the development of <u>technology</u>, the <u>intelligence</u> of robots has greatly
   (　　)　　　　(　　)
been <u>improved</u>.
   (　　)

6. The <u>debate</u> centers around a <u>legal principle</u> known as the Miranda warning.
   (　　)　　　　　　　(　　)

7. He is a person with high <u>responsibility</u> and team spirit.
   (　　)

二、根据所给的中文意思，用本单元所学的单词或短语完成句子(每空4分，共40分)

1. In my _____(看法), everyone is _____(平等的), and they

have the same right to be _____ (受教育).

2. Experts are _____ (寻找) a better method to _____ (解决) the problem.

3. I _____ (怀疑) whether his _____ (设计) is acceptable.

4. He _____ (参与) in the running race and _____ (比赛) with the athletes from all over the country.

5. It is important to examine why these social problems _____ (出现).

三、翻译下列句子(每题6分，共30分)

1. 老师们对他的工作评价很高。
2. 他如此之友善，以致我们都喜欢他。
3. 这本书值得读。
4. 王平去年被北京大学录取了。
5. 台湾属于中国。

附录5　Students' Weekly Vocabulary Learning Schedule

学生每周词汇学习安排表

班级_____　　姓名_____　　学号_____　　周次_____

时间	词汇内容	学习方式	学习时间	执行情况	尚需加强的词汇
星期六	1. 复习 Unit1 的单词； 2. 预习 Unit 2 的新单词	1. 阅读； 2. 使用字典	早上 9：00—10：00		
星期日					
星期一					
星期二					
星期三					
星期四					
星期五					

第四节　学习小组的评价

评价是引领，通过自评、小组互评，能使学生及时了解自己的学习情况，主动进行自我反馈、自我调节、自我教育。学生在评价的过程中学会正确对待自我，学会欣赏别人，取长补短，相互促进，共同提高。课堂教学中的小组评价包括个人自评、小组互评和教师评价。个人自评和小组互评在组内会议进行，也称为自我反省。每个小组每周要开小组会议，每位同学都要发言，评价自己和其他同学在一周内的学习状态。这既可以培养学生的评价意识和能力，又可以培养学生探索问题、发散思维的能力和语言表达的能力。

学习小组评价的最终目标是使每位同学都有进步，把人与人的竞争变成小组间的团队竞争，把个人积分改为小组积分，以小组总成绩作为奖励依据。通过给予奖励，学生能够认识到哪些行为是值得肯定与赞赏的，这会激励他们充分展现自己的才能，挖掘潜在能力，并愿意为实现共同的学习目标而积极努力。这样的过程有助于培养学生的合作精神，并提升他们的合作技巧。当然，最为理想的奖励方式还是利用学科本身的吸引力来激发学生的内在兴趣，使他们从学习中获得乐趣，从而转变学习态度，由被动的"要我学"变为主动的"我要学"。郭思乐教授的观点表明，任何源自内心、符合本性的行动，都会带来快乐与成功。这正是"本原三学"教育理念的核心所在。

一、评价方案的制定

在科任教师的指导下，由组长共同讨论制定评价方案。以学习小组为单位，实行学习小组捆绑式评价，评价方案分为"日常行为规范"和"学科学习"两部分，总体评价分为"优、良、合格、待努力"四个等级，每月评一次。

教师要充分观察小组学生的互动状况，评鉴学生在课堂上的学习情形，以及在人际交往和小组竞争中的表现。教师要深入到学习小组中收集整理反馈意见，并酌情制定出相关的评鉴表格予以监测。教师要本着积极的心态，肯定学生的优点，欣赏学生的才华，对学生进行激励性评价，增强学生的自信心。

二、评价结果的运用

（1）对小组的课堂表现和作业情况每周进行统计，在班级和家长群进行公示，表扬"表现最好"的小组和"进步最大"的小组。

（2）对被评为优秀的小组进行奖励，奖励原则：尊重学生的需求，满足学生合理的愿望。

（3）班主任依据评价方案，组织科任教师和行政组长共同评选班级每月优秀小组，并上报年级和学校参加年级和校级优秀小组评选。

（4）科任教师应对学生课堂评分每周进行一次统计，每月进行一次小结，每期进行一次总结，其结果作为学生综合素质评价的重要依据。

（5）学校通过主持升旗仪式、推送公众号、授予荣誉称号、颁发奖品等方式对优秀小组进行表彰；对"待努力"的小组采取一定的措施，促进小组进步。

我们看一个例子，以表3-8为例。

表3-8 增城一中"本原三学"课堂教学评价表

听课人：_____ 听课时间：_____年___月___日（第___周 第___节）

授课教师		学科		班级	
课题					
评价内容	评价标准			得分	评析
小组队学 （35分）	学生：全面参与小组合作学习，小组成员分工明确、合作学习真实有效，小组成员能发表自己的见解并认真聆听他人发言，并做好相关记录。小组成员达成共识，能解决本节课所学内容的65%以上的问题（20分）				
	教师：能融入团队交流中，及时发现团队交流中学生存在的普遍性问题以及发表的独到见解，为全班交流做准备（15分）				

111

续表

评价内容	评价标准				得分	评析
班级群学 （65 分）	学生：小组长协同好展示的分工安排；展示要能反映出小组的共识，思路要清晰，观点要明确，能引起生生互动，能碰撞出思想的火花。通过展示质疑能解决本节课所学内容的 85% 以上的问题(25 分)					
	学生：发言时大方自信，声音洪亮。其他学生要有倾听的好习惯，并能做好记录(15 分)					
	教师：关注全体学生状态，能抓住课堂生成性资源，能在知识生长处、方法形成处和思维发生处进行有效引导、点拨和提升(25 分)					
	100～90	89～80	79～70	69～60		

这是在课堂教学评价里对团队互学进行评价的量表。从量表中，我们可以清晰地看到对小组成员和小组长的多维度评价，这体现出"本原三学"强调将学习的权力还给学生。

又如"本原三学"课堂模式下"语文味"教学法课堂团队互学评价的研究。整个模式运用比较研究法，在同一层次的不同实验班采用不同的评价方法，探索"本原三学"课堂模式下"语文味"教学法课堂团队互学构建的合理评价机制；以培养语文核心素养为纲领，以语文实践活动为主线，根据学生学习的实际，整合诊断性评价、形成性评价、终结性评价等多种评价方式，考查学生的"三学"效果；采用纸笔测试、现场观察、对话交流、读书笔记、小组分享、调查报告、自我反思等多种评价措施，提高评价效率，增强评价的科学性和可靠性。具体内容如图 3-3 所示。

在团队互学的运作与评价过程中，我们研发了如表 3-9 所示的监控表，旨在助力学生学习，将学习主动权还给学生。

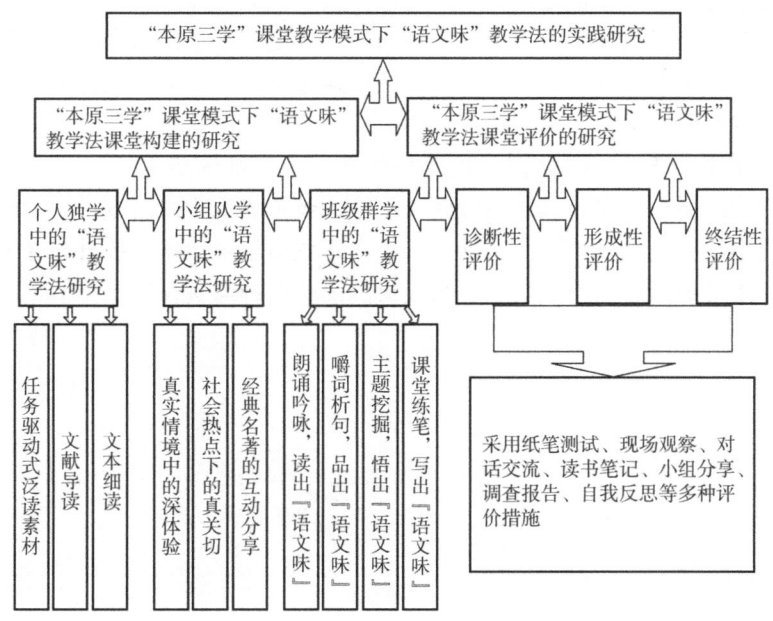

图3-3 "本原三学"课堂模式下"语文味"教学法的实践研究

表3-9 _____科每周知识清单完成情况监控表

周次：_____ 姓名：_____ 班别：_____ 学号：_____

知识点列表	完成情况			
	检测形式	是否通过	通过时间	备注
	□默写 □背诵 □做题 □课堂讲解			
	□默写 □背诵 □做题 □课堂讲解			
	□默写 □背诵 □做题 □课堂讲解			
	□默写 □背诵 □做题 □课堂讲解			
	□默写 □背诵 □做题 □课堂讲解			

对学习小组的评价是评估团队合作成效、促进个体与集体共同发展的关键步骤。它不仅仅关注学习成果的数量与质量，更侧重于团队合作的氛围、成员间的互动与支持，以及解决问题的能力。通过自评、互评与教师评价相结合的方式，我们能够全面而深入地了解小组的动态与学习状态。自评促进成员自我反思，互评增进成员间的相互理解与信任，而教师评价则提供专业指导与反馈。评价结果应及时、具体地反馈给小组，鼓励表现优秀的成员，同时，针对不足提出改进建议。这不仅有助于小组内部调整学习策略，提升合作效率，还能激发成员的学习热情，培养小组成员的团队精神与责任感。

第四章

"三学课堂"的教师帮学

第一节 教师帮学的应用策略

在以往的教学中，教师受到传统应试教育思想的影响，在开展教学时更多地使用以讲授法为主的教学方法体系。在这种体系之下，教师的教学过程更加倾向于对知识内容的"满堂灌"，学生虽然看似认真听讲，但其实际理解的部分很少。日本学者龟口惠治将学生学习方式和记忆的效果作了一些比较后发现：教师"满堂灌"，学生只能记住5%；演示后让学生练习，学生可以记住75%；而学会了教别人，学生能记住90%。由此得出结论：教师讲清楚了不等于学生明白了，学生自己讲清楚了才是真的明白了。基于此，我们不断对教学作出调整，给予学生充分自学研究的机会，开展"本原三学"的研究与实践，特别是强化教师在帮学环节的作用，以实现更高效、更深入的学习。下面仍以数学学科为例，阐述在"三学课堂"实践中教师帮学应如何实现。

《普通高中数学课程标准（2017年版2020年修订）》提出数学学科核心素养包含数学抽象、逻辑推理、数学建模、数学运算、直观想象和数据分析六个方面。研究发展学生核心素养是落实立德树人根本任务的重要举措，提高学生数学核心素养是数学教与学过程的迫切任务。立体几何一直是高中数学课程"几何与代数"模块中的一个核心内容，是培养学生数学核心素养的良好资源，在每年的高考命题中多以解答题的形式出现，也一直渗透着对逻辑推理、直观想象等核心素养的考查。

高中数学中的立体几何教学经历了重要的变革，其教学要求和结构均有所调整。《普通高中数学课程标准（2017年版2020年修订）》明确了立体几何的教学方向：它旨在研究现实世界中物体的形状、大小及位置关系，并借助长方体帮助学生理解空间中的点、直线和平面的位置关系。学生需学会用数学语言描述平行与垂直的性质和判定，论证相关结论，并掌握一些简单的几何体表面积和体积的计算方法。这一学科还强调通过直观感知、操作确认、推理论证和度量计算等手段来认识和探索空间图形的性质。立体几何的教学重点在于培养学生的图形把握能力、空间想象与几何直觉能力以及逻辑推理能力。与以往从局部到整体（点、线、面、体）的教学方式不同，立体几何采用了新的处理方法。因此，数学教师面临的重要任务是：如何有效地利用立体几何的教学资源，如何科学、合理、正确地使用新教材，以优化教学结构、提高课堂效率，并最终培养学生的数学核心素养。这是每位数学教师都需要深入思考和实践的问题。

一、以问题为指引，在立体几何教学中加强对概念的重构、理解

概念课的教学设计应融合正例强化与反例辨析，多层次剖析，并通过实际题目加以应用实践。比如在讲解棱柱概念时，抓住棱柱概念的关键点"有两个面互相平行""相邻两个四边形的公共边都平行"的关键点去分析。面 AA_1B_1B ∥ 面 DD_1C_1C，BC ∥ B_1C_1 ∥ A_1D_1 ∥ AD，则立体图形 $AA_1B_1B - DD_1C_1C$ 为棱柱（图 4-1a）。

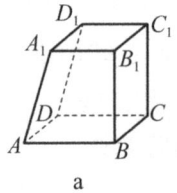
a

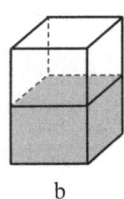
b

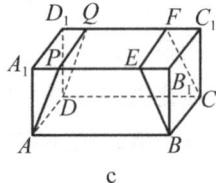
c

图 4-1

进一步通过强化练习，引导学生加深对概念的理解。

(1) 将装有水的长方体水槽固定底面一边后倾斜一个小角度，则倾斜后水槽中的水形成的几何体是_____（A. 棱柱　B. 棱台　C. 棱柱与棱锥的组合体　D. 不能确定）（图 4-1b）。

(2) 已知长方体 $ABCD - A_1B_1C_1D_1$，过 BC 和 AD 分别作一个平面交底面 $A_1B_1C_1D_1$ 于 EF，PQ，则长方体被分成的三个几何体中，棱柱的个数是_____（图 4-1c）。

二、以规范为指引，在立体几何教学中加强对符号规范性的教学

数学教育家斯托利亚在《数学教育学》中指出："数学教学也就是数学语言的教学。"数学学习活动实质上是数学思维活动，数学交流是数学思维活动的主要体现形式。而交流中的数学语言分为文字语言、图形语言和符号语言。数学符号以其抽象、简洁而富于逻辑性的特征在数学发展中展现出独特的魅力。

数学学习从某种程度上说就是对数学符号的学习。英国哲学家、数学家罗素说过："什么是数学？数学就是符号加逻辑。"高中立体几何学习中，由于点、线、面、体都是用图形和符号展现出来的，因此学习者对所学的立体对象按照"几何模型—图形—文字—符号"的程序进行一次次抽象，同时紧密联系图形，使抽象的符号与直观的图形联系起来，从而读懂符号，使用符号。

学会使用符号要记住基本图形的符号表示方法。比如点用大写英文字母 A，B，C，D…表示；直线用小写英文字母 l，m，n…或者是用直线 AB 等表示；平面用希腊字母 α，β，γ，θ…表示，或者表示为平面 $ABCD$，也可以简单记为平面 AC（对角线）。另外还有一些其他常见几何体的表示方法，可以根据情况灵活应用。

为了正确使用符号，首先需要了解符号的起源。教材中，立体几何板块引入了新的符号来表示点、线、面之间的关系，例如点 A 在平面 β 上，用符号 $A \in \beta$ 表示。这些符号虽然源自集合，但在读法上仍采用几何语言，例如 $A \in \beta$ 读作"点 A 在平面 β 上"。这些符号的使用原则与集合符号的含义相似，但在某些特定情况下，如表示线与线的交点时，用法可能略有不同。正确使用符号还需要理解符号的规范性和逻辑性，因为每个符号都是按照一定规则规定的，不能随意使用。为了精通符号的运用，学习者需频繁地进行图形与文字间的转换训练，并通过大量的阅读、书写及思考来提升对图形、文字、符号三者间转换与理解的能力。同时，学习者还需将定义、定理、公式、推论及结论等内容熟练地转化为符号表达。其中的核心在于持续地练习，通过反复实践来提升使用符号的熟练度和精确度。

三、以转化为纽带，提高立体几何教学的有效性

数学上的转化思想就是在处理问题时，把待解决或难解决的问题，通过某

种转化，变为一类已经解决或比较容易解决的问题，最终求得原问题的解决。波利亚指出："解题过程就是不断变更题目的过程。"转化思想就是要求我们换一个角度去看，换一种方式去想，换一种语言去讲，换一种观点去处理，以使问题朝着有利于解决的方向不断变更，从不同的角度和特征出发，把同一问题用不同的形式在不同的水平上转化出来。

线线、线面、面面各自之间平行与垂直的位置关系既相互依存，又在一定条件下纵向转化。线线平行（垂直）、线面平行（垂直）、面面平行（垂直）的转化关系在平行或垂直的判定和性质定理中得到充分体现（见图4-2）。

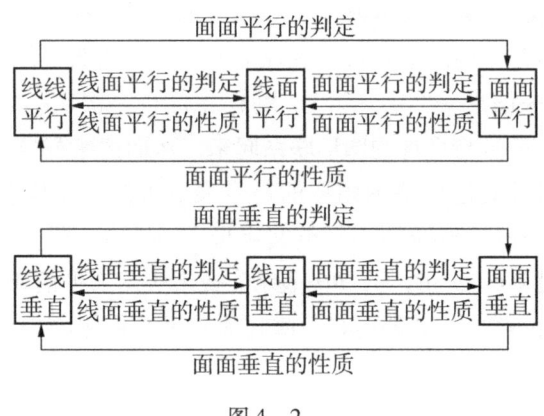

图4-2

线线、线面、面面之间平行或垂直的位置关系，大都可以利用上述互相转化关系去证明。教师在教学中渗透转化思想，可以加深学生对点、线、面位置关系的理解，提高教学的有效性。

将空间问题转化为熟知的平面问题是研究立体几何问题的重要数学方法之一。如线面垂直的判定定理可转化为三角形全等的平面几何问题；多面体与旋转体的侧面积公式、侧面上最短路径问题都可通过侧面展开转化为平面几何问题；旋转体的有关问题也可转化为关于轴截面的平面几何问题。事实上，立体几何中的三种角（线线角、线面角、二面角）和四种距离（线线距、点面距、线面距、面面距）从定义到具体的计算以及三垂线定理都体现了空间到平面的转化。

四、以情境为铺垫，帮助学生发现问题、解决问题

《普通高中数学课程标准（实验）》要求"教师要创设适当的问题情境，鼓励

学生发现数学的规律和问题解决的途径,使他们经历知识形成的过程"。恰当的数学情境,能有效地激发学生的学习兴趣,使抽象、枯燥的数学变得直观、形象,使学生从厌恶、害怕数学变得有兴趣、喜欢学数学。

"授人以鱼,不如授人以渔。"问题导学的课堂模式的核心是要教会学生学习,从学生学会到学生会学,最后到学生乐学。"数学是思维的体操。"若只向学生提供概念的感性认识,而不让学生认识和体会数学思想,掌握数学思维方法,不管教师的教学方法多好,对学生来说,表面联系与本质联系、感性认识与理性认识、生活经验和科学概念仍然处于分离状态。因此问题导学的教学设计只能加强而不能削弱。

五、以评价为修正,帮助学生自我评测、提升

有效的总结性评价对于"本原三学"课堂模式的推进来说是非常重要的。这是由于学生在对单点的知识进行自主学习或者讨论研究之后,虽然他们对于具体的知识点已基本掌握,但是对于知识之间的联系往往没有形成较为全面的认识。这时就需要教师帮助学生对这一课的知识内容进行总结,使他们可以从一个更加全面的角度去看待这一课的知识。而有效的评价可以帮助学生发现自己在学习过程中存在的问题,实现对学习问题的修正,这对于学生的学习成绩提升来说非常关键。

例如,在"不等式及其解法"这一课的教学完成后,教师可以针对这一课的知识内容帮助学生对所学知识进行总结,并在此基础上,对学生的学习情况进行测试和评价。首先,教师要帮助学生明确本课中"不等式及其解法"的知识构成,使学生清晰地认识到这一课学习了哪些知识。而通过测试锁定了学生的薄弱点之后,教师还可以针对这些内容对学生进行讲解和习题训练。在完成这些内容之后,教师就可以根据学生的学习情况,对学生作出评价,指出学生有哪些地方存在问题,并提出行之有效的建议。

(一)"三学课堂"教学评价要点

为了更好地进行课堂教学改革,确保课堂教学规范有序,促使教师在课堂教学过程中做到全面依靠学生和高度尊重学生,最大限度地提高学生在课堂中的学习积极性和主动性,我们特别制定了"三学课堂"教学评价表(表4-1),设置了课堂教学听评课观察内容,帮助教师开展听评课。

表4-1 "三学课堂"教学评价表

学科		班级		时间	年　　月　　日	
授课教师		课题			总分	
评价内容	评价标准				得分	评析
教学理念 (10分)	体现少教多学教学理念，目标明确(5分)，突出教学重点和学习难点(5分)					
前置研学 (15分)	教师：前置研究设计遵循简单、根本、开放的原则，能引导学生先学，让学生"好(hǎo)学"(5分)					
	学生：能根据前置研究进行自主学习，解决50%以上的问题，标注出疑点和难点(5分)，小组对前置研究完成情况进行客观、公正的交叉检查，并且作出评价，交流时要保持次序(5分)					
小组队学 (25分)	学生：全面参与，小组成员分工明确，合作学习真实有效，组员能发表自己的见解并认真聆听他人发言，做好相关记录。小组成员达成共识，能解决本节课所学内容的65%以上的问题(15分)					
	教师：能融入小组交流中，及时发现小组交流中学生存在的普遍性问题和提出的独到见解，为全班交流做准备(10分)					
班级群学 (40分)	学生：小组长协同好展示的分工安排，展示要能反映出小组的共识，思路要清晰，观点要明确，能引起生生互动，能碰撞出思想的火花。通过展示质疑能解决本节课所学内容的85%以上的问题(15分)					
	学生：发言时大方自信，声音洪亮。其他学生要有倾听的好习惯，并能做好记录(10分)					
	教师：关注全体学生状态，能抓住课堂生成性资源，能在知识生长处、方法形成处和思维发生处进行有效引导、点拨和提升(15分)					
教师帮学 (10分)	学生：对本节课教学目标和内容进行自主总结，教学目标达成度高，不同层次的学生都有所收获(5分)					
	教师：要引导、点拨、纠偏和补漏，帮助学生提炼知识、提升能力和指明学习方向，在关键之处"点睛"；对本节课学生个体、小组、全班学习情况进行激励性评价。帮助学生解决本节课所学内容的所有问题(5分)					

（二）数学课堂教学听评课观察点

"本原三学"下的高中数学课堂应促使教师在课堂教学过程中，做到全面依靠学生和高度尊重学生，最大限度地提高学生在课堂中的学习积极性和主动性，教师在听评课中的关注点应该有所侧重。

第一，"先会后学，先做后学，先学后教，以学定教，少教多学，不教而学"是教师组织教学的核心策略。

第二，教师应该充分发挥学生主体作用，在教学过程中要鼓励学生学习、质疑和探究。

第三，教师要设置前置研究让学生先学，前置研究要做到"低入—多做—深思—高出"。"低入"是让全体学生都能够进入学习，"多做"是人人可做，人人多做；"深思"是学生通过自学，使知识扎根于心灵，增长智慧；"高出"是例题自己做，难题自己想。

第四，教师要重视学生汇报展示能力的培养，要培养学生善于动脑、认真思考、积极交流、踊跃发言的良好学习习惯和行为能力，要培养小组成员认真倾听、尊重他人的行为习惯。学生要学会独立思考，敢于发表自己的见解，乐于采纳他人的意见和建议，要提高竞争、辩论、合作解决问题和设计问题、角色扮演、实践操作等能力。

第五，教师要让学生敢于充当小老师（讲过程、提质疑、表观点），学生如不能回答问题或者讲解不全面，教师要引导学生"另请高明"，或者教师予以点拨、启发、诱导、讲解。

第六，教师要根据班内学生的智力和非智力因素、家庭因素、个性特点、兴趣爱好、守纪状况、男女比例以及学生学习情况，建立合理的学习小组，充分发挥组内每个成员的作用，树立和激发组内成员团队合作、竞争意识和集体荣誉感。

第七，教师要对小组成员进行常规礼仪训练，让学生在展示过程中做到一切行动听指挥，行为得体规范，例如，开场白："大家好，我们是第六小组，我们小组展示的题目（讲的是）……"展示完成后要问："大家还有什么问题或意见吗？"如果没有，就说"谢谢"。

第八，教师在教学过程中要有评价和激励，比如："该小组展示得不错，在……有独到的见解等，谢谢同学们的精彩展示，掌声鼓励。""这个小组研究得很仔细，但是有个问题……能不能做得更好呢？""你听得可真仔细，听出了他的不足，可真帮了大忙。"

第九，教师在教学活动即将结束时，要对本节重点知识进行梳理，对学习情况进行评议,评议内容包括学生的学习情况、上课表现情况、目标达成情况等。教师要指明学生后续的学习方向,布置下一节课的前置研究。

教学评价设计是一个复杂而细致的过程,需要教师根据教学目标、教学内容、教学情况,结合学生的实际情况,进行全面、客观、公正的评价,对所展现的"三学课堂"有更客观的了解,以不断优化"三学课堂"教学过程,提升教学效果。

第二节 不同课型的课堂教学设计

"本原三学"强调学生的主体性和教师的辅助性,以促进学生自主学习和深入理解的能力的发展。高中的教学内容繁多,且侧重点存在差异,不同课型的课堂教学设计,如新授课、讲评课和复习课,各自承载着独特的教学目标与任务。新授课侧重于新知识的初次引入与基础构建,强调学生的初次认知与理解;讲评课则聚焦于对已完成学习内容的反馈与评价,通过解析典型例题和分析作业情况,加深学生对知识点的掌握;复习课则是对已学知识的系统回顾与巩固,旨在让学生构建完整的知识体系并提升综合运用能力。结合"以学生为中心"的教学理念,这些课堂教学设计应更加注重激发学生的学习兴趣,鼓励学生主动探索与合作交流,以促进学生的全面发展。

一、新授课教学设计

新一轮数学课程改革从理念、内容到实施都有较大变化,教师应首先转变观念,充分认识数学课程改革的理念和目标,以及自己在课程改革中的角色和作用。教师是课程的实施者,也是对课程进行研究、建设和资源开发的重要力量,是学生学习的引导者、组织者和合作者,学生才是学习的主体,一切教学活动的展开都要以学生为本,以学生"好(hǎo)学""能学"为目标。同时,课程标准、教材都是"理想课程",必须通过课堂教学才能达到育人的目的。课堂教学是落实核心素养的关键,而教学设计则是从课程标准、教材到课堂教学的桥梁。

新授课是教学全过程中最重要的环节,是学生全面、系统地掌握知识的关键,是知识、概念从无到有,从未知到已知进行构建的重要教学活动。因此,新授课的教学,不但要使学生获得扎实的基础知识,而且要为提高学生分析问题和解决问题的能力奠定基础。如何更好地将知识从未知到已知进行构建,在"本原三学"教学模式下,新授课的教学主要依据"前置研学奠基础、团队互学巧展示、教师帮学贯始终"来设计。

前置研学奠基础主要指课前,教师依据课程标准、教材内容以及自己所教学生的知识水平设计好前置研究,发给学生自主学习。前置研究是教师将国家课程转化为学生课程的载体,学生利用前置研究进行前置学习,围绕前置研究能自主解决50%以上的问题,并标注出疑难问题。小组长根据本组学生自主学习情况组织同学进行讨论、交流,达成小组共识,为课堂展示交流做好准备。在课堂开始时,教师亦会留出时间让同学们在小组间进行讨论,教师巡视、指导,同时发现学生存在的问题。组内、组间讨论完成后请小组成员进行展示、讲解,教师适时点拨、纠偏,强调关键点,并进行总结、升华。下面以"函数的基本性质"单元教学设计为例进行说明。

"函数的基本性质"单元教学设计

【内容与内容解析】

1. 内容。

函数的单调性、函数的最大(小)值、函数的奇偶性。

2. 内容解析。

(1)内容本质:变化中的不变性是性质,变化中的规律性也是性质。函数是刻画客观世界中运动变化的重要数学模型。因此,我们可以通过研究函数的变化规律来把握客观世界中事物变化的规律。

单调性是函数最基本的性质之一,刻画了函数值 y 随自变量 x 的增大而增大(减小)的变化趋势。函数在一定区间内具有单调性,现实中的事物也在一定的时间内朝一个方向不断变化着,所以函数的单调性具有基本的重要性。函数的最大(小)值与函数的单调性有着密切的联系。通常,知道了函数的单调性,就能较方便地确定函数的最大(小)值,因此,求解函数的最大(小)值一般需要先判断函数的单调性。函数的奇偶性是一种特殊的对称性,如果确定一个函数具有奇偶性,那么就能将研究它的"工作量"减半。函数的单调性是函数的局部性质,而函数的奇偶性和最大(小)值都是函数的整体性质。

研究函数的单调性、最大(小)值、奇偶性,就是在分析函数图象特征的基础上,利用代数运算对函数进行定量刻画,进而用严格的符号语言精确刻画函数的性质。

(2)内容定位:高中函数概念"集合——对应说"的建立,以及用抽象符号 $f(x)$ 表示函数,为用严格的符号语言精确刻画函数的性质奠定了基础。对于函数的基本性质这部分内容，先从一般性角度研究函数的性质，使学生了解研究函数的内容和基本方法，为后续研究基本初等函数、数列、导数及其应用等内容提供依据。

(3) 蕴含的数学思想方法及育人价值：在函数单调性和奇偶性概念形成的过程中，先借助函数图象让学生对其有初步了解，并在此基础上进行定量刻画，然后用符号语言形成定义。从形到数，蕴含着数形结合的思想；从特殊到一般，从直观到抽象，可以培养学生数学抽象与直观想象的核心素养。在利用定义判断或证明具体函数性质的过程中，形成标准的解题步骤，蕴含着算法思想；此外，还有利于发展学生逻辑推理、数学运算的核心素养。

(4) 教学重点：函数的单调性、奇偶性。

【目标与目标解析】

1. 目标。

(1) 借助函数图象，用符号语言表达函数的单调性、最大值、最小值，理解它们的作用和实际意义。

(2) 结合具体函数，了解奇偶性的概念和几何意义。

2. 目标解析。

(1) 会用符号语言正确表达函数的单调性、最大(小)值，并能说出"任意""都有""存在"等关键词的含义，知道函数的单调性和最大(小)值的现实意义。

(2) 知道判断函数单调性的基本步骤，会根据函数单调性的定义证明函数的单调性。

(3) 知道求函数最大值、最小值的基本步骤，会用函数最大值、最小值的定义求函数的最值，知道最值与单调性之间的关系。

(4) 能类比单调性的定义的学习过程，用符号语言刻画函数的奇偶性，并说明偶(奇)函数的定义与函数图象关于 y 轴(原点)对称之间是等价的。知道判断函数奇偶性的基本步骤，会根据函数奇偶性的定义判断函数的奇偶性。

【教学问题诊断分析】

1. 函数单调性的符号语言构建是本单元的一个难点。

学生在初中学习一次函数、反比例函数、二次函数时已经会从图象的角度观察"从左到右图象上升""从左到右图象下降"的变化趋势，并且会用文字语言" y 随 x 的增大而增大(减小)"描述这种变化规律，而本单元需要将文字语言转化为符号语言： $\forall x_1, x_2 \in D$ ，当 $x_1 < x_2$ ，都有 $f(x_1) < f(x_2)$ [或 $f(x_1) > f(x_2)$]，则称函数 $f(x)$ 在区间 D 上单调递增(或递减)。这样的语言学习是学生第一次接触的，对学生而言是一个很大的难点。在"本原三学"的课堂教学模式中，以初中学习过的具体函数为载体，备课组准备好前置研究作业，课前一天发给学生做，让学生结合教材进行前置学习。因为学生已经学习了不等式的性质，学生对如"若$a<b$，则$3a<3b$""若$0<a<b$，则$a^2<b^2$"的不等式已经有了一定的认识，所以我们在编写前置研究时从具体的函数$f(x)=3x$，$f(x)=x^2(x>0)$出发，让学生画出函数的图象，观察函数图象的变化趋势，并将"y随x的增大而增大"转化为符号语言，引导学生一步步探索如何用符号语言表示函数单调递增。课堂上师生共同完成"图形语言—文字语言—符号语言"的转化，在归纳出符号语言的表达方式的基础上，再给出函数单调性的严格定义。最后，在用定义证明具体函数单调性的过程中，进一步让学生理解符号语言。

2. 利用定义证明函数的单调性。

学生刚开始证明函数单调性时，会出现"不作差"的情况，即直接写出函数值的大小关系或者变形不充分就作出判断，也会出现依据函数单调性证明函数单调性的情况。教学中教师先把简单的具体函数单调性的证明作为例题，帮助学生理解代数变形的必要性，然后进一步梳理证明的步骤，总结变形的基本方法，让学生经历"示范—模仿—熟练运用"的学习过程，逐步学会函数单调性的代数证明方法。

3. 最大(小)值概念的理解。

对于最大(小)值的概念，学生往往对条件"$\exists x_0 \in I$，使得$f(x_0)=M$"的必要性的理解存在一些困难。本节课的前置研究以学生熟悉的一次函数、二次函数为例，让学生先画出函数图象，再观察图象的特点，直观感知函数的最大(小)值，遵循由特殊到一般、由直观到抽象的认知规律。课堂教学中引导学生得到函数最大值的定义以后，不急于应用，而是让学生思考定义中的条件(1)和条件(2)是不是都是必要的，这是一个对定义辨析深化的过程，能够使学生充分理解最大值的定义。然后通过追问的方式让学生类比函数最大值的定义，给出函数最小值的定义，整个过程都是引导学生完成的。解决例题的过程中，让学生进行独立思考和小组讨论。独立思考后的讨论，有利于学生思维的碰撞和互相学习。整堂课，通过前置学习、自主探究、合作交流，让每一个学生都有参与的机会，不落下任何一个人，使学生既能将原来的知识进行总结，又能学习新的知识。

4. 函数奇偶性概念的构建及证明。

备课组编写前置研究，从具体的函数$f(x)=x^2$，$f(x)=\dfrac{1}{x}$等出发，让学生先画出函数的图象，再观察函数图象的对称性，并将这一对称性转化为符号语言，引导学生一步步探索函数奇偶性的概念。课堂上师生共同完成"图形语言—文字语言—符号语言"的转化,在归纳出符号语言的表达方式的基础上,再给出函数奇偶性的严格定义。最后,在用定义证明具体函数奇偶性的过程中,进一步让学生理解符号语言。

5. 利用定义证明函数的奇偶性。

学生刚开始在判断函数的奇偶性时,往往只验证 $f(-x) = f(x)$ 或 $f(-x) = -f(x)$ 是否成立,而忽视函数定义域的问题。教学中,教师先把简单的具体函数的奇偶性判断作为例题,规范解题思路和解题步骤,帮助学生深入理解函数具有奇偶性的前提条件,然后进一步梳理判断函数奇偶性的步骤,让学生经历"示范—模仿—熟练运用"的学习过程,逐步学会判断函数的奇偶性。

【教学支持条件分析】

函数图象能够直观反映函数的变化趋势及特征,所以教学中借助学生初中学过的一次、二次、反比例等函数,让学生先作出函数图象,通过图象得到"形"的特征,再逐步引导学生将"形"转化为"数"的符号语言,再通过例题等进一步巩固。同时要借助信息技术绘制函数图象,将静态的图象进行动态演示,展示函数值随自变量的变化而变化的情况。

【教学过程设计】

本教学设计共4个课时,分别为:"函数的单调性(一)""函数的单调性(二)""函数的最大(小)值"与"函数的奇偶性"。下面以第1、2课时"函数的单调性(一)""函数的单调性(二)"为例,具体阐述。

一、"函数的单调性(一)"教学设计

1. 课时教学内容。

函数的单调性。

2. 课时教学目标。

(1)通过具体实例,经历函数单调性概念的抽象过程,能准确说出函数单调递增(增函数)、函数单调递减(减函数)的定义及其图象特征,能用例子说明"任意""都有"等关键词的含义;发展数学抽象素养。

(2)通过用定义证明具体函数的单调性的例题,使学生初步体会用定义证明函数单调性的步骤,培养学生的逻辑推理能力和数学运算素养。

3. 教学重点与难点。

(1)教学重点:函数单调性的定义及应用。

(2)教学难点:用符号语言来表述函数单调性,证明函数的单调性。

4. 教学环节。

环节一：小组展示前置研究

探究1：

(1) 请同学们画出 $f(x) = 3x$ 的图象。

(2) 从函数图象上看，$f(x) = 3x$ 的图象从左到右呈 _____ 趋势，即随着自变量 x 的增大，函数值 $f(x)$ _____ 。

(3) 将图象(形)转化为代数表达式：任取 $x_1, x_2 \in \mathbf{R}$，当 $x_1 < x_2$ 时，有 $3x_1$ _____ $3x_2$，因 $f(x_1) =$ _____，$f(x_2) =$ _____，则 $f(x_1)$ _____ $f(x_2)$，称函数 $f(x) = 3x$ 在 $\mathbf{R}$ 上单调递增。

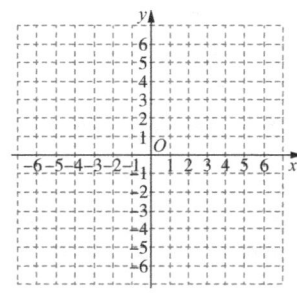

探究2：

(1) 请同学们画出 $f(x) = x^2$ 的图象。

(2) 从函数图象上看，$f(x) = x^2$ 的图象在 y 轴右侧呈 _____ 趋势，即随着自变量 x 的增大，函数值 $f(x)$ _____ 。

(3) 将图象(形)转化为代数表达式：任取 $x_1, x_2 \in (0, +\infty)$，当 $0 < x_1 < x_2$ 时，有 x_1^2 _____ x_2^2；因 $f(x_1) =$ _____，$f(x_2) =$ _____，则 $f(x_1)$ _____ $f(x_2)$，称函数 $f(x) = x^2$ 在区间 $(0, +\infty)$ 上单调递增。

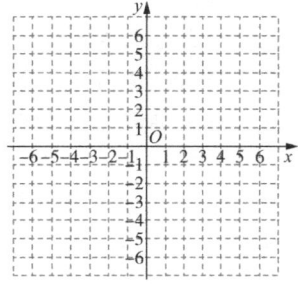

【归纳】函数 $f(x) = 3x$，$f(x) = x^2 [x \in (0, +\infty)]$ 的共同特征：从图象上看，函数图象从左到右呈 _____ 趋势，即随着自变量 x 的增大，函数值 $f(x)$ _____ ；从数上看，当 $x_1 < x_2$ 时，有 $f(x_1)$ _____ $f(x_2)$，称函数 $f(x) = 3x$ 和 $f(x) = x^2 [x \in (0, +\infty)]$ 在各自的定义域内单调递增。

探究3：请同学们结合前面的探究及归纳，自己总结函数在某区间上单调递增的特征(形与数两方面)，并与小组同学交流讨论，做好小组展示的准备。

探究4：请同学们类比探究1、2的研究步骤来说明函数 $f(x) = x^2 (x < 0)$ 的图象特征及相应的代数表达式。

探究5：类比函数单调递增的特征及函数 $f(x) = x^2 (x < 0)$ 的特征，请同学们总结该函数在某区间上单调递减的特征，即 _____ 。

【设计意图】利用前置研究，学生可以对新课内容进行前置学习。学生在初中所学函数的基础上，结合不等式性质，对函数单调性形与数的表示有了初步认知。在小组同学展示过程中，教师根据同学们的完成情况进行适当点拨。

环节二：抽象概括函数单调性概念

师生活动：通过前置学习，我们知道函数 $f(x) = x^2$ 在区间 $(0, +\infty)$ 上是单调递增的。教师借助几何画板展示图 4-3，在 y 轴右侧任意改变 A，B 的位置，只要点 A 的横坐标大于点 B 的横坐标，就会有点 A 的纵坐标大于点 B 的纵坐标，即函数 $f(x) = x^2$ 满足：对 $\forall x_1, x_2 \in (0, +\infty)$ 且 $x_1 < x_2$，有 $f(x_1) < f(x_2)$，进而师生共同总结，给出函数单调递增的定义。

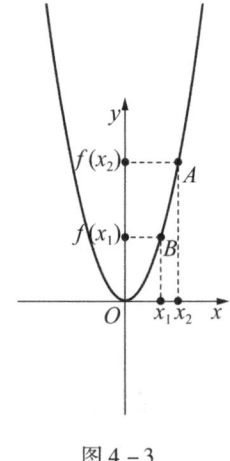

单调递增的概念：一般地，设函数 $f(x)$ 的定义域为 I，区间 $D \subseteq I$，如果 $\forall x_1, x_2 \in D$，当 $x_1 < x_2$ 时，都有 $f(x_1) < f(x_2)$，那么就称函数 $f(x)$ 在区间 D 上单调递增，如图 4-4 所示。特别地，当函数 $f(x)$ 在它的定义域上单调递增时，我们就称它是增函数。

图 4-3

问题：请同学们模仿函数单调递增的定义，给出单调递减的定义。

师生活动：老师提问，同学作答，如果回答不完整可以请其他同学补充。不管学生作答是否完整，都可以多提问几个同学，让学生在一遍遍的提问中理解、记忆。

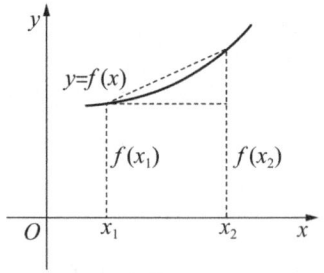

单调递减的概念：一般地，设函数 $f(x)$ 的定义域为 I，区间 $D \subseteq I$，如果 $\forall x_1, x_2 \in D$，当 $x_1 < x_2$ 时，都有 $f(x_1) > f(x_2)$，那么就称函数 $f(x)$ 在区间 D 上单调递减，如图 4-5 所示。特别地，当函数 $f(x)$ 在它的定义域上单调递减时，我们就称它是减函数。

图 4-4

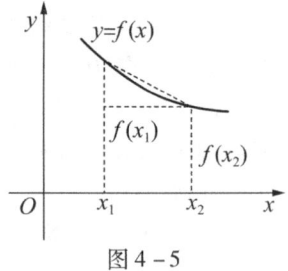

单调性的概念：如果函数 $y = f(x)$ 在区间 D 上单调递增或单调递减，那么就说函数 $y = f(x)$ 在这一区间具有（严格的）单调性，区间 D 叫做函数 $y = f(x)$ 的单调区间。

图 4-5

【设计意图】通过前置研究的学习，学生对具体的函数中单调递增、单调递减的图象特征及代数表达式都有了一定的认识，教师通过几何画板的动画展示进一步加深学生对数学符号的理解，进而归纳出单调性的相关概念。

环节三：概念辨析

师生活动：老师带领学生理解定义中区间与定义域的关系、"任意"一词的含义、符号的表示规则等，体会如果改变或者删除一些词语后定义发生的改变。

练习：思考辨析（正确的画"√"，错误的画"×"）

(1) 若函数 $f(x)$ 为 **R** 上的减函数，则 $f(0) > f(1)$。　　　　　(　　)

(2) 若函数 $f(x)$ 满足 $f(-1) < f(2)$，则函数 $f(x)$ 在 $[-1,2]$ 上是增函数。
　　　　　　　　　　　　　　　　　　　　　　　　　　　　　　(　　)

(3) 若函数 $f(x)$ 在 $(-\infty, 0)$ 和 $(0, +\infty)$ 上单调递减，则 $f(x)$ 在 $(-\infty, 0) \cup (0, +\infty)$ 上单调递减。　　　　　　　　　　　　　　　(　　)

师生活动：学生先独立思考、举例，再小组交流讨论、班级交流展示，老师可提醒学生通过函数（函数图象）举反例。

【设计意图】通过练习(1)(2)引导学生辨析定义中的"任意"二字；通过练习(3)引导学生认识函数的单调性是在某一区间的局部性质，函数在各区间上单调递增（递减）时，在它们的并集上不一定保持单调递增（递减）。

环节四：函数单调性定义的简单应用

例题1：根据定义，研究函数 $f(x) = kx + b(k \neq 0)$ 的单调性。

师生活动：学生结合初中的学习经验，可以利用函数图象得到该函数的单调性。老师引导学生寻找求解的依据——定义，根据定义将问题转化为考察当 $x_1 < x_2$ 时，$f(x_1) < f(x_2)$ 还是 $f(x_1) > f(x_2)$，这时，只需进一步考察 $f(x_1) - f(x_2)$ 与 0 的大小关系。

预设答案：

解：函数 $f(x) = kx + b(k \neq 0)$ 的定义域是 **R**，$\forall x_1, x_2 \in \mathbf{R}$，且 $x_1 < x_2$，则 $f(x_1) - f(x_2) = (kx_1 + b) - (kx_2 + b) = k(x_1 - x_2)$。

$\because x_1 < x_2, \therefore x_1 - x_2 < 0$。

① 当 $k > 0$ 时，$k(x_1 - x_2) < 0$，于是 $f(x_1) - f(x_2) < 0$，即 $f(x_1) < f(x_2)$。
这时，$f(x) = kx + b(k \neq 0)$ 是增函数。

② 当 $k < 0$ 时，$k(x_1 - x_2) > 0$，于是 $f(x_1) - f(x_2) > 0$，即 $f(x_1) > f(x_2)$。
这时，$f(x) = kx + b(k \neq 0)$ 是减函数。

【设计意图】让学生明确单调性的判定可以由函数图象获得，但是证明必须借助定义完成，同时使学生掌握应用定义证明函数单调性的步骤，进一步加深对概念的认识，在证明过程中提升逻辑推理素养和数学运算素养。

例题2：物理学中的玻意耳定律 $p = \dfrac{k}{V}$（k 为正常数）告诉我们，对于一定质量的气体,当其温度不变时,体积 V 减小,压强 p 将增大。试对此用函数的单调性证明。

师生活动:学生先将物理问题转化为数学问题,即证明函数 $p = \dfrac{k}{V}$(k 为正常数)在区间 $(0, +\infty)$ 上单调递减。

预设答案:

证明:任取 $V_1, V_2 \in (0, +\infty)$,且 $V_1 < V_2$,

则 $p_1 - p_2 = \dfrac{k}{V_1} - \dfrac{k}{V_2} = \dfrac{k(V_2 - V_1)}{V_1 V_2}$。

由 $V_1, V_2 \in (0, +\infty)$,得 $V_1 V_2 > 0$;

由 $V_1 < V_2$,得 $V_2 - V_1 > 0$。

又 $k > 0$,所以 $p_1 - p_2 > 0$,即 $p_1 > p_2$。

所以函数 $p = \dfrac{k}{V}$(k 为正常数)在区间 $(0, +\infty)$ 上单调递减。也就是说,当体积 V 减小时,压强 p 将增大。

师生活动:根据例题1、例题2,师生共同总结用定义证明函数 $f(x)$ 在区间 D 上具有单调性的步骤如下。

①设元:在区间 D 上任取两个自变量的值 $x_1, x_2 \in D$,并规定 $x_1 < x_2$。

②作差、变形:计算 $f(x_1) - f(x_2)$,将 $f(x_1) - f(x_2)$ 通过因式分解、配方等方法向有利于判断差的符号的方向变形,一般化为乘积形式。

③定号:确定 $f(x_1) - f(x_2)$ 的正负。

④定论:若 $f(x_1) - f(x_2) < 0$,则函数在区间 D 上单调递增;若 $f(x_1) - f(x_2) > 0$,则函数在区间 D 上单调递减。

【设计意图】让学生认识到函数模型能描绘现实现象,利用函数性质可掌握事物变化的规律,并通过证明函数单调性,熟悉定义应用,归纳出证明步骤,提升数学抽象素养。

环节五:课堂小结

问题:回顾本节课的学习内容,回答下列问题。

(1)如何刻画函数的单调性?

(2)用单调性的定义证明函数单调性,有哪几个主要步骤?

(3)本节课在研究函数性质时主要用到什么思想方法?

师生活动:在学生独立思考、回答问题的基础上,教师进行归纳补充。

【设计意图】让学生回顾本节课主要内容,准确叙述单调递增、增函数、单调递减、减函数等的定义,进一步加深对概念的理解,知道证明函数单调性的基本步骤及研究函数性质时运用的主要思想方法。

环节六：目标检测设计

（1）图 4-6 是定义在区间 $[-5,5]$ 上的函数 $y=f(x)$ 的图象，根据图象说出函数的单调递增区间和单调递减区间。

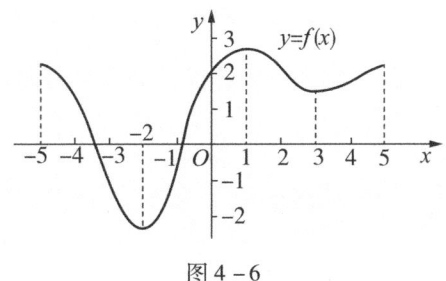

图 4-6

（2）请同学们回顾二次函数、反比例函数的解析式及图象，完成下列表格。

① 二次函数。

解析式	
图象	
单调性	

② 反比例函数。

解析式	
图象	
单调性	

（3）根据定义证明函数 $f(x)=3x+2$ 是增函数。

（4）证明函数 $f(x)=-\dfrac{2}{x}$ 在区间 $(-\infty,0)$ 上单调递增。

【设计意图】让学生及时巩固所学,知道可以利用函数图象研究函数单调性,并能进一步掌握根据定义研究函数单调性的一般步骤。

课后作业:人教数学A版必修一教材第85~86页,习题3.2,第1,2,3,6题。

二、"函数的单调性(二)"教学设计

1. 课时教学内容。

函数的单调性。

2. 课时教学目标。

进一步理解函数单调性的定义,能利用函数单调性定义证明问题、解决问题,发展逻辑推理素养、数学运算素养。

3. 教学重点与难点。

(1)教学重点:函数单调性的定义及应用。

(2)教学难点:用定义证明函数单调性,函数单调性的应用。

4. 教学环节。

环节一:复习回顾

问题:回顾本节课的学习内容,回答下列问题。

(1)如何刻画函数的单调性?

(2)利用定义证明函数的单调性有哪几个主要步骤?

师生活动:让同学们拿出课堂练习本,写出单调递增、单调递减、增函数、减函数等的概念,并画出相应的简图;写出证明函数单调性的主要步骤;教师选出几个较有代表性的学生作品进行投影展示,对存在的问题进行补充。

【设计意图】让同学们回顾上一节课主要内容,对重要的知识点进行再现巩固,以此加深对知识的理解、记忆,也为本节课的学习做铺垫。

环节二:用定义证明函数的单调性

例题1:根据定义证明函数 $f(x) = x + \dfrac{1}{x}$ 在区间 $(1, +\infty)$ 上单调递增。

师生活动:课堂上先让学生尝试证明,针对多数学生作差化简的难点,教师随后板书进行详细讲解,并引导学生总结步骤,明晰代数式变形的方向。

预设答案:

证明:$\forall x_1, x_2 \in (1, +\infty)$,且 $x_1 < x_2$,

$$f(x_1) - f(x_2) = \left(x_1 + \dfrac{1}{x_1}\right) - \left(x_2 + \dfrac{1}{x_2}\right) = (x_1 - x_2) + \left(\dfrac{1}{x_1} - \dfrac{1}{x_2}\right)$$

$$= (x_1 - x_2) + \dfrac{x_2 - x_1}{x_1 x_2} = (x_1 - x_2)\left(1 - \dfrac{1}{x_1 x_2}\right) = (x_1 - x_2)\dfrac{x_1 x_2 - 1}{x_1 x_2}。$$

∵ $x_1, x_2 \in (1, +\infty)$，则 $x_1 > 1, x_2 > 1, x_1x_2 > 1, x_1x_2 - 1 > 0$。

又∵ $x_1 < x_2$，则 $x_1 - x_2 < 0$。

∴ $(x_1 - x_2)\dfrac{x_1x_2 - 1}{x_1x_2} < 0$，即 $f(x_1) - f(x_2) < 0$。

∴ $f(x_1) < f(x_2)$。

所以函数 $f(x) = x + \dfrac{1}{x}$ 在区间 $(1, +\infty)$ 上单调递增。

例题2：根据定义证明函数 $f(x) = \dfrac{2x}{x+1}$ 在区间 $(-1, +\infty)$ 上单调递增。

师生活动：学生独立完成本题，教师请几位同学投影展示自己的成果，并根据学生完成情况进行适当点评。

预设答案：

证明：$\forall x_1, x_2 \in (-1, +\infty)$，且 $x_1 < x_2$，

$$f(x_1) - f(x_2) = \dfrac{2x_1}{x_1+1} - \dfrac{2x_2}{x_2+1} = \dfrac{2x_1(x_2+1) - 2x_2(x_1+1)}{(x_1+1)\cdot(x_2+1)}$$

$$= \dfrac{2(x_1 - x_2)}{(x_1+1)\cdot(x_2+1)}。$$

∵ $x_1, x_2 \in (-1, +\infty)$，则 $x_1 > -1, x_2 > -1, x_1 + 1 > 0, x_2 + 1 > 0$。

又∵ $x_1 < x_2$，则 $x_1 - x_2 < 0$。

∴ $f(x_1) - f(x_2) = \dfrac{2(x_1 - x_2)}{(x_1+1)\cdot(x_2+1)} < 0$，即 $f(x_1) < f(x_2)$。

所以函数 $f(x) = \dfrac{2x}{x+1}$ 在区间 $(-1, +\infty)$ 上单调递增。

【**设计意图**】通过例题1、例题2，让学生进一步掌握用单调性定义证明函数单调性的主要步骤及常见的化简方法，发展学生的数学运算素养、逻辑推理素养。

环节三：函数单调性的应用

问题：从①函数 $y = f(x)$ 在区间 D 上单调递增；② $\forall x_1, x_2 \in D, x_1 < x_2$；③ $f(x_1) < f(x_2)$ 三个条件中任选两个作条件，另外一个作结论，可以构成多少个命题？其中真命题有几个？

追问：你能类比以上问题，写出函数在某区间单调递减的几个真命题吗？

师生活动：学生先独立思考，尝试完成本题解答，教师根据学生完成情况进行适当点拨，让学生体会到上述三个条件中任意两个作条件都能推出另外一个，加深学生对函数单调性定义的理解，为后续解不等式、比较函数大小奠定基础。

例题1：已知函数 $y = f(x)$ 是定义在 **R** 上的增函数，则有(　　)。

A. $f(-2)<f(1)<f(3)$ B. $f(1)<f(-2)<f(3)$
C. $f(3)<f(-2)<f(1)$ D. $f(3)<f(1)<f(-2)$

师生活动：学生独立完成本题，请同学讲解展示，加深对增函数概念的理解。

答案：A。

解析：因为函数 $y=f(x)$ 是定义在 **R** 上的增函数，且 $-2<1<3$，所以 $f(-2)<f(1)<f(3)$。

例题2：已知函数 $y=f(x)$ 是 $(-\infty,+\infty)$ 上的减函数，且 $f(2x-3)>f(5x-6)$，则实数 x 的取值范围是_____。

师生活动：学生独立思考、小组讨论后请同学讲解展示，加深对减函数概念的理解。

答案：$(1,+\infty)$。

解析：因为函数 $y=f(x)$ 是 $(-\infty,+\infty)$ 上的减函数，所以 $f(2x-3)>f(5x-6)$ 等价于 $2x-3<5x-6$，解得 $x>1$，故 x 的取值范围是 $(1,+\infty)$。

例题3：若二次函数 $f(x)=-x^2-(3m-1)x+1$ 在 $[-2,2]$ 上单调递增，则 m 的取值范围是_____。

师生活动：学生独立思考并小组讨论，教师可进行一定的引导，利用一次、二次、反比例等熟知函数的图象进行直观分析。

答案：$(-\infty,-1]$。

解析：二次函数 $f(x)=-x^2-(3m-1)x+1$ 的图象开口向下，对称轴为 $x=-\dfrac{3m-1}{2}$，由于该二次函数在区间 $[-2,2]$ 上单调递增，则 $-\dfrac{3m-1}{2}\geqslant 2$，解得 $m\leqslant -1$。

例题4：若函数 $f(x)=\begin{cases}(3a-1)x+4a, & x<1 \\ -ax, & x\geqslant 1\end{cases}$ 是定义在 **R** 上的减函数，则实数 a 的取值范围为_____。

答案：$\left[\dfrac{1}{8},\dfrac{1}{3}\right)$。

解析：根据题意得 $\begin{cases}3a-1<0 \\ -a<0 \\ 3a-1+4a\geqslant -a\end{cases}$，解得 $\dfrac{1}{8}\leqslant a<\dfrac{1}{3}$。

【设计意图】通过例题1、例题2，让学生进一步理解函数单调性的定义，逐步学会利用函数的单调性比较大小、解不等式；二次函数是初高中重要的函数模型，对于二次函数的相关性质，学生都要能熟练掌握；例题3、例题4利用函数图象解决单调性问题,培养学生数形结合思想。

环节四:课堂小节

问题:回顾本节课的学习内容,回答下列问题。

(1)用单调性的定义证明函数单调性,有哪几个主要步骤?

(2)在利用函数单调性解决比较大小、解不等式等问题时,应把握好哪些关键步骤?

师生活动:在学生独立思考、回答问题的基础上,教师进行归纳补充。

【设计意图】让学生进一步掌握证明函数单调性的基本步骤,再次理解函数单调性的相关概念,培养学生数形结合思想。

环节五:目标检测设计

(1)已知函数 $f(x) = \dfrac{2x+3}{x-2}$,判断 $f(x)$ 在区间 $(2, +\infty)$ 上的单调性并用定义证明。

(2)已知 $f(x)$ 是定义在 $(1, 2)$ 上的减函数,若 $f(m+1) < f(3m-1)$,则实数 m 的取值范围是_____。

(3)定义在 $\mathbf{R}$ 上的函数 $f(x)$,对任意 $x_1, x_2 \in \mathbf{R}(x_1 \neq x_2)$ 有 $\dfrac{f(x_1) - f(x_2)}{x_2 - x_1} > 0$,则(   )。

A. $f(3) < f(2) < f(1)$ B. $f(1) < f(2) < f(3)$
C. $f(2) < f(3) < f(1)$ D. $f(3) < f(1) < f(2)$

(4)下列四个函数中,在 $(0, +\infty)$ 上单调递减的是(   )。

A. $f(x) = 3 + x$ B. $f(x) = x^2 - 3x$ C. $f(x) = -\dfrac{1}{x}$ D. $f(x) = -|x|$

(5)若函数 $f(x) = x^2 - 2(a+1)x + 3$ 在区间 $(-\infty, 3]$ 上单调递减,则实数 a 的取值范围是_____。

(6)求下列函数的单调区间,并指出该函数在其每一单调区间上的单调性。

① $f(x) = \begin{cases} 2x+1, & x \geq 1 \\ 5-x, & x < 1 \end{cases}$

② $f(x) = -x^2 + 2|x| + 3$。

【设计意图】让学生进一步掌握根据定义研究函数单调性的方法及主要步骤,掌握利用图象研究函数单调性的方法,培养学生数形结合的思想方法。

课后作业:人教数学 A 版必修一教材第 86 页,习题 3.2,第 8,9 题。

必修一"函数的基本性质"这一节主要研究函数的单调性、最大(小)值、奇偶性。教材以具体函数图象引入，直观描述其变化规律，再探究如何通过数据运算来反映函数图象，采用从具体到抽象、从特殊到一般的方法，归纳概括出用严格的数学语言精确刻画函数单调性、奇偶性的方法，从而提升学生的数学运算、直观想象等素养，提升学生的抽象思维水平。函数单调性、最大(小)值、奇偶性这几个概念的抽象概括是本节内容的难点，在教学中怎样做好由形到数的转变呢？结合我校"本原三学"的课堂教学模式，教师依据课程标准，结合教材，从本校学生的认知出发，做好每节课的前置研究，指导学生进行前置学习，在课堂教学中再融入小组讨论、展示讲解等环节，提高学生学习数学的积极性及课堂效率，真正做到课堂教学以学生为本，体现学生的学习主体地位。

二、讲评课教学设计

讲评课作为一种特殊而重要的课型，主要在学生完成练习或考试后进行，目的是对其作业或考试情况进行讲析和评价，其教学设计需紧密围绕学生实际情况。要注意以下几点：首先，要精准把握学生的学习难点和易错点，如某次数学考试中，学生普遍在分数运算上失分较多，教学设计就应重点针对这一环节，通过实例解析和强化练习帮助学生攻克难关，给学生提供及时的反馈与指导，帮助学生自省、自查，这包括指出错误、提供正确的解题思路、鼓励自我反思和修正等。其次，注重课堂互动，鼓励学生提出疑问，通过小组合作、师生问答等形式，让每个学生都能积极参与，如通过小组讨论得出应用题的不同解法，提升学生的解题能力和团队协作能力。最后，强化反馈与总结，及时批改作业，指出学生的错误并给出正确解题思路，同时引导学生总结学习经验，为后续学习打下坚实基础。下面以"组合应用中的分组分配问题"讲评课教学设计①和"广州综合测试（一）立体几何部分"讲评课教学设计②为例进行说明。

"组合应用中的分组分配问题"讲评课教学设计

【内容与内容解析】

1. 内容。

本节课是人教版普通高中新课程标准实验教科书《数学》(选修 $2-3$)中第一章"计数原理"第二节"排列与组合"的第 4 课时习题课，利用组合知识解决一类计数应用问题。

---

①② 作者为广州市增城区增城中学范仲瑜、胡首双。

2. 内容解析。

(1)内容本质：分组与分配的本质是分步乘法计数原理和组合在实际中的应用。

(2)蕴含的数学思想方法：对于排列与组合，有两个基本方法贯穿始终，一是根据一类问题的特点和规律寻找简便的计数方法，就像乘法作为加法的简便运算一样；二是注意应用两个计数原理思考和解决问题。

知识的上下位关系：计数问题是数学中的重要研究对象之一，分类加法计数原理、分步乘法计数原理是解决计数问题的最基本、最重要的方法，它们为解决很多的实际问题提供了思想和工具。返璞归真地看两个计数原理，它们实际上是学生从小学就开始学习的加法运算与乘法运算的推广，是解决计数问题的理论基础。在学习了两个计数原理之后，教材又从简化运算的角度提出了排列与组合，通过具体实例的概括而得出排列、组合的概念，应用分步乘法计数原理得出排列数公式，应用分步乘法计数原理和排列数公式推出组合数公式。

在掌握计数的基本原理后，通过具体问题情境和实例，让学生不断感悟和总结两个基本计数原理，仅仅靠教材中的几个实例是不够的，教师必须补充与之匹配的实例充实教材，这样学生才能更深刻地领悟两个基本计数原理。组合应用中的分组分配问题是组合应用中的一种重要题型，但教科书上没有涉及。

(3)育人价值：教师先引导学生利用程序化的思维，通过实例感受平均分组与部分平均分组问题，再利用类比、对比的方法，通过两个计数原理、列举等探索、归纳此类问题的解题方法。教师的重要作用在于引导学生在处理问题时着重分析题意，领悟题眼。学生在应用分类加法计数原理时要做到"不重不漏"，应用分步乘法计数原理时要做到步骤完整，培养将实际问题合理地量化和转化的能力，把问题"数学化、程序化、模型化"。

【目标与目标解析】

1. 目标。

(1)进一步理解分类加法计数原理和分步乘法计数原理。
(2)能够区分排列组合中的分组分配问题。
(3)理解平均分组、部分平均分组和不平均分组的概念。
(4)能够用正确的方法解决分组分配的简单应用问题。

2. 目标解析。

达成目标(1)的标志是学生能够理解推导分组分配问题由特殊到一般的思维方法。达成目标(2)的标志是学生能够结合具体问题理解是否需要"有序"。达成目标(3)(4)的标志是学生能够解决分组与分配的试卷问题。

【教学问题诊断分析】

1. 问题诊断。

学生已经学习了两个计数原理，经历了由具体实例概括得出排列、组合的概念的思维过程，掌握了排列及排列数公式、组合及组合数公式，初步感知了计数的基本思想和方法。学生有着较浓厚的学习兴趣，喜欢探究和发现规律，具有一定的阅读分析能力、数学抽象能力。关于分组与分配概念的获得，学生容易借助实例理解，但不容易用精准的数学语言描述，需要教师作适当的启发，引导学生将实际问题数学化、符号化、元素化。探究分组公式时学生会遇到两个困难，首先是平均分组过程中出现的重复分组，其次是重复了多少、如何排除，学生已有的知识与能力尚不能独立解决，需要教师作适当的讲解。

2. 教学难点。

分组公式的发现。

【教学支持条件分析】

一是从简单实例入手，通过简单的问题情境，引导学生体会相关数学概念；为了充分调动学生学习数学的积极性，促进学生主动思考，采用问题串引导探究活动，以问题作为引领，诱导学生积极思考。二是引导学生对题组进行类比、对比，让学生独立思考与交流讨论，引导学生注意观察结果的形式，对其列举的例子进行验证，配合多媒体演示。

【教学过程设计】

环节一：创设情境，复习引入

问题1：简单梳理排列组合相关知识和典型题型、方法。

问题2：借助所学知识，解决以下问题。

(1)将2本不同的书分成2组，有多少种不同的分法？

(2)将2本不同的书分给甲、乙2人，有多少种不同的分法？

(3)将3本不同的书分成2组，有多少种不同的分法？

(4)将3本不同的书分给甲、乙2人，有多少种不同的分法？

以上问题有什么区别与联系？

教师活动：借助思维导图，引导学生复习知识；展示简单、特殊问题，给学生思考时间。

学生活动：复习相关知识、方法；思考并解决问题；归纳规律。

【设计意图】复习旧知识，同时让学生掌握基本解题方法；遵循认知规律，让学生自主发现知识。

环节二：澄清概念，牛刀小试

问题：思考并解决以下问题。

(1)将4本不同的书平均分成2组(每组2本)，有多少种不同的分法？

(2)将4本不同的书分成2组,其中1组1本,另1组3本,有多少种不同的分法?

(3)将4本不同的书分给甲、乙2人,每人2本,有多少种不同的分法?

(4)将4本不同的书分给甲、乙2人,其中1人1本,另1人3本,有多少种不同的分法?

(5)将4本不同的书分给甲、乙2人,其中甲得1本,乙得3本,有多少种不同的分法?

你能总结出解题规律和方法吗?

教师活动:引导学生将应用题"元素化""符号化";通过"正例强化",加深学生对分组分配问题的理解,澄清概念,引导学生发现问题。

学生活动:思考并解决问题;类比归纳规律;小组讨论,找出遇到的问题、解题的难点、解题的分歧,各小组是如何解决分歧的。(可列举)

【设计意图】通过类比和对比,让学生体会组合中分组分配问题的区别与联系,让学生学会发现问题、提出问题、分析问题和解决问题;"不愤不启,不悱不发",问题串的呈现,让学生在独立思考的基础上,进一步得到启发、开导,这是符合教学基本规律的;这也为后面的规律总结做好铺垫。

环节三:变式提高,提炼方法

例题:将6本不同的书分为3组,求在下列条件下各有多少种不同的分法。

(1)每组2本。

(2)一组1本,一组2本,一组3本。

(3)一组4本,另外两组各1本。

方法提炼:

(1)平均分组:_____。

(2)不平均分组:_____。

(3)部分平均分组:_____。

结论1:一般地,将 m 个不同的元素分成 p 组,各组内元素数目分别为 $m_1, m_2, \cdots, m_p$,其中 k 组内元素数目相等,那么分组方法数是 $\dfrac{C_m^{m_1} C_{m-m_1}^{m_2} C_{m-m_1-m_2}^{m_3} \cdots C_{m_p}^{m_p}}{A_k^k}$。

变式1:将6本不同的书分给甲、乙、丙3人,求在下列条件下各有多少种不同的分法?

(1)甲2本、乙2本、丙2本。

(2)甲1本、乙2本、丙3本。

(3)甲4本、乙1本、丙1本。

变式2：将6本不同的书分给甲、乙、丙3人，求在下列条件下各有多少种不同的分法？

(1)每人2本。

(2)一人1本、一人2本、一人3本。

(3)一人4本，另两人各1本。

方法提炼：

(1)定向分配问题：_____。

(2)不定向分配问题：_____。

结论2：一般地，如果把不同的元素分配给几个不同对象，并且每个不同对象可接受的元素个数没有限制，那么实际上是先分组后排列的问题，即分组方案数乘不同对象数的全排列数。

通过以上分析不难得出解不定向分配题的一般原则：先分组后排列。

教师活动：先展示问题的几种可能的变式，再请学生思考，结合自己所学，给出可能有的其他的变式；引导学生发现、探索问题并解决问题；师生互动交流。

学生活动：独立解决几种变式；独立思考后，在小组内交流。

【设计意图】通过"变式训练"培养学生思维的深刻性、广阔性、独创性、敏捷性；作为"差生"转化的好方法，特别是由思维品质的差异导致的"差生"的转化；以"最近发展区"理论为指导，使学生熟悉知识，熟练运用知识解决问题；培养学生的问题转化意识；通过类比和对比，让学生发现问题、探索问题、解决问题，体验问题解决后产生的成就感；让学生将数学问题模型化，解一题通一类，促进学生的数学抽象、数学建模等核心素养的提高。

环节四：方法应用，内化知识

完成练习册中的相关习题。

教师活动：引导学生将题目归类。

学生活动：独立思考解题。

【设计意图】检验学生的知识掌握情况。

环节五：反思总结，问题延伸

(1)课堂小结：利用思维导图引导学生对本节课进行总结。

(2)问题延伸。

①将6本不同的书分成3组，有多少种不同的分法？

②将6本不同的书分给甲、乙、丙3人，每人至少1本，有多少种不同的分法？

③将4个不同的小球放入编号为1、2、3、4的4个盒子中,恰有1个空盒的放法有多少种?

④有甲、乙、丙三项任务,甲需2人承担,乙、丙各需1人承担,从10人中选派4人承担这三项任务,有多少种不同的选法?

⑤把12个相同的小球放入编号为1、2、3、4的盒子中,要求每个盒子中至少放1个小球,有多少种不同的放法?

教师活动:引导学生利用思维导图归纳总结本节课知识;将问题延伸作为备用题目。

学生活动:上台展示思维导图及解题过程。

【设计意图】数学思想与方法是数学知识在更高层次上的抽象和概括,本次总结能使学生由知识向能力升华,培养学生数学素养,达到授学生以"渔"的目的,并让学生带着问题走进课堂,带着更深的问题走出课堂。

本节课的设计通过问题串形式,找准学生的最近发展区,让学生通过类比、对比,为学习新知识"找台阶",使学生达到"愤""悱"状态。问题串的设置由浅入深,逻辑性、连贯性强,能体现学生的认知规律,学生能发现规律并积极参与知识的生成与发现。本节课的设计坚持以问题为核心、以探究为主线、以引导为桥梁,使学生在探究中掌握知识,在探究中提高能力。课堂的"活"不是表面上课堂的热闹,而是学生、教师的思维涌动。精心设计课堂,但不能局限于设计,要注重课堂的生成。

"广州综合测试(一)立体几何部分"讲评课教学设计

【内容和内容解析】

1. 内容。

广州市高三毕业班综合测试(一)数学试卷的立体几何部分。

2. 内容解析。

广州一模对立体几何考查了2小1大(T6 三视图,T14 内切球,T19 证线面垂直及求二面角),延续了历年高考的考查题型。答题区平均分3.61分(2分+1.61分)。在解题过程中,学生在第(1)问证明转化中耗时多、思路乱、得分低,证明"跳"(跳过推理和论证过程)"省"(省略关键步骤)"离"(书写与图形脱离),会而不对、对而不全是普遍现象。

课堂走向"三学"

【目标与目标解析】

1. 目标。

(1)熟练掌握立体几何相关定理,并能理清点线面位置关系的转化思维脉络。

(2)会证明线面垂直(平行)问题;会画图、会识图、会析图、会用图。

(3)会建系、会规范使用空间向量解决立体几何问题。

(4)深刻理解模型、转化、立体平面化等思想方法在解决立体几何问题中的作用。

2. 目标解析。

针对学生的学习情况,上述立体几何教学目标显得尤为重要。学生需牢固掌握定理,培养空间思维,将抽象的点线面关系转化为直观理解。面对线面垂直(平行)的证明,学生需通过画图、识图等实践环节,提升几何直观能力。建立坐标系,运用空间向量,是解决复杂立体几何问题的有效手段,学生需熟练掌握。同时,模型、转化、立体平面化等思想方法,能帮助学生化繁为简,是提升学生解题能力和思维深度的关键。

【教学问题诊断分析】

该班级立体几何大题平均分6.45分(2.96分+3.49分),没有优势,得12分的学生仅有3人,得11分的学生有9人;部分学生空间想象能力差、定理记不住,害怕立体几何题目;一部分学生已较熟练掌握立体几何的解题方法,分化较大。

【教学支持条件分析】

本节课将在配备多媒体教学设备的教室进行,以便能够展示清晰的立体几何图形和题目解析过程。学生已具备立体几何的基础知识,并完成了测试卷的作答,为课堂讨论和错题分析提供了素材。教师则准备了详细的试卷分析报告和有针对性的讲解材料,包括典型错题的解析、解题技巧的总结和拓展练习,以确保讲评课的高效进行。

【教学过程设计】

环节一:前置研究,数据分析

如图 4-7 所示,四棱锥 $S-ABCD$ 中,$\triangle ABD$ 为正三角形,$\angle BCD = 120°$,$CB = CD = CS = 2$,$\angle BSD = 90°$。

(1)求证:$AC \perp$ 平面 SBD。

(2)若 $SC \perp BD$,求二面角 $A-SB-C$ 的余弦值。

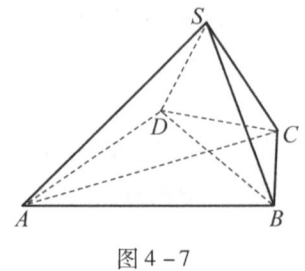

图 4-7

教师活动：用电脑展示题目，区、年级、班级得分情况。

学生活动：个别学生作答，其他学生补充。

【设计意图】让学生了解立体几何的答题情况。

环节二：答卷展示，自主纠错

教师活动：课前搜集部分典型答卷，并扫描备用，课上展示试卷，引导学生参照评分标准对典型试卷打分，并给出依据。

学生活动：学生评卷，搜集、发现问题。

【设计意图】让学生通过评阅典型试卷，读懂别人的思维方式，寻找错误，生成问题，为后面的方法提炼做好铺垫。

环节三：规范讲评，突出方法

1. 规范解答。

思路梳理、符号使用、表述完整、逻辑严谨、图形规范、步骤清晰、回答结束。

2. 证明方法。

在立体几何中，证明直线与直线、直线与平面、平面与平面之间的垂直关系时，要利用相关性质定理或判定定理进行转化（图4-8）。

3. 求角方法。

利用法向量求二面角：通过立体几何作图，作出二面角的平面角，找出二面角的平面角和两个平面的法向量夹角的关系，将求二面角的平面角转化为求两个法向量的夹角（图4-9）。

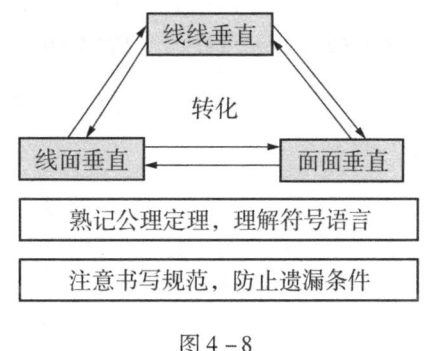

图4-8

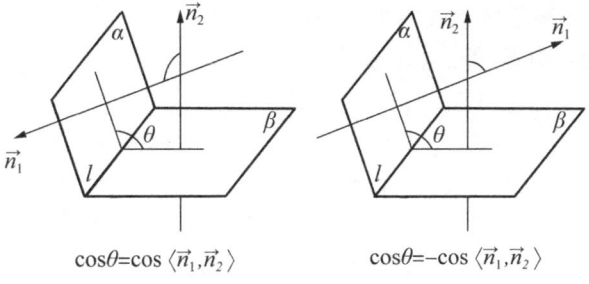

图4-9

教师活动：引导学生阐述在批改试卷中发现的问题，揭示典型错误、难点。

学生活动：熟练掌握立体几何解题的"通性通法"，形成"范式"；思考并交流如何优化解题。生生互动交流。

【设计意图】改善学生们经常发生的"跳""省""离"等不良习惯，解决他们的"会而不对""对而不全"等问题，促使其重视作、证、求三环节，规范符号语言，"分分必争"。

环节四：抓源固本，强化模型

(1) 对教材中典型习题的二次开发。

(人教版《数学》A 版必修二教材第 164 页，习题 8.6，第 14 题) 如图 4-10 所示，在棱锥 $V-ABC$ 中，$VO \perp$ 平面 ABC，$O \in CD$，$VA = VB$，$AD = BD$，你能判定 $CD \perp AB$，以及 $AC = BC$ 吗？

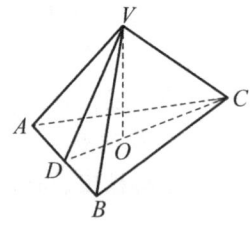

图 4-10

(2) 如图 4-11 所示，在四棱锥 $P-ABCD$ 中，$AB // CD$，且 $\angle BAP = \angle CDP = 90°$。

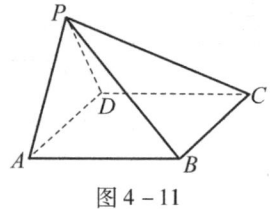

图 4-11

① 证明：平面 $PAB \perp$ 平面 PAD。

② 若 $PA = PD = AB = DC$，$\angle APD = 90°$，求二面角 $A-PB-C$ 的余弦值。

(3) 有没有熟悉的模型？如三棱锥(空间四边形)模型、"切瓜"模型等。

(4) 有什么解题信号或思想方法？

教师活动：引导学生对比分析。

学生活动：思考并总结；完成对比分析。

【设计意图】立体几何的考查以及命题风格都是在稳中求变、求新，但万变不离课本，不离转化、化归这两条主线。本环节旨在使学生由学习知识向提升能力升华，做一题通一类，培养学生的数学素养，达到授学生以"渔"的目的。

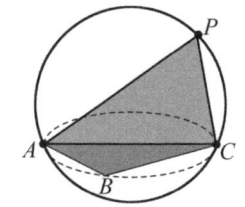

图 4-12

环节五：问题延伸，思想升华

(1) 学生反思自己立体几何丢分原因。

①定理转化不熟悉——数学转化能力差。
②点线面关系不清——直观想象素养欠缺。
③立体面化意识弱——平面几何知识欠缺。
④几何模型不会用——数学建模素养欠缺。
⑤会做但是丢分多——人懒，没有规则。

(2)"作图是立体几何学习的第一大事。"——章建跃教授

①会画图——根据题设条件，画出符合题意的图形或辅助线，作出的图形要直观、虚实分明。

②会识图——根据题目给出的图形，想象出立体图形的形状和有关线面的位置关系。

③会析图——对图形进行必要的分解、组合。

④会用图——对图形或其某部分进行平移、翻折、旋转、展开或割补等。

(3)重视基本图形在立体几何图形中的功能：矩形、等形(如图4-13所示)。

(4)不要忽视"冷门"知识——锥体的内切球。

教师活动：从以上四点引导学生进行自我总结。

学生活动：对比反思。

【设计意图】数学思想与方法是数学知识在更高层次上的抽象和概括。本环节旨在让学生带着问题走进课堂，带着更深的问题走出课堂。

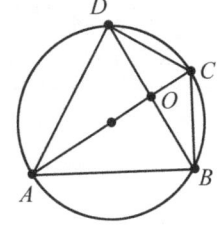

图4-13

本课的设计以"本原三学"课堂教学模式为指导，遵循学生的认知规律，按照问题导学的教学理念，通过典型答卷的展示，引导学生发现问题，并以问题串的形式引导学生自主探索、尝试，发现问题、解决问题、归纳结论，使学生从深层次加深对所学知识的感知度，而不是"炒冷饭"，从而更好地理解和掌握立体几何的题型与解题方法。

三、复习课教学设计

习题、章节复习课是在学生学习知识后进行的，学生已具备相应的基本知识。故此类课型教学设计应包括：①三基梳理：基础知识(定义、公式、概念)梳理、基本技能梳理、基本方法梳理；②典型例题；③方法总结提升。前置研究的设计如下。

(1) 三基梳理。

基础知识：

基本技能、基本方法：

(2) 在教材或其他资料中精选与本课题相关的至少四个解答题（代表自己最高水平的），抄题并作答。小组内交流，并做好上台展示的准备（图4-14）。

第一题：	第二题：
解答：	解答：
第三题：	第四题：
解答：	解答：

(3)学习小结。

课前小结：

课堂小结：

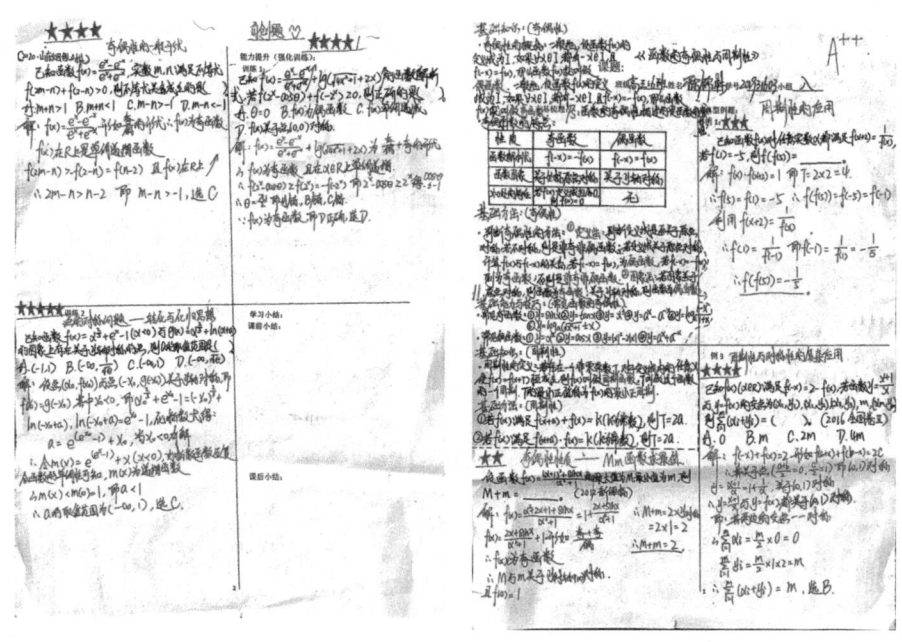

图4-14 学生前置研究展示

课堂上请小组代表展示讲解，对于三基梳理部分，其他同学可补充、质疑，教师协助找出核心部分。解答题展示讲解部分要注意引导、提问，规范解答过程，要注意数学基本思想方法的总结、升华。如果是毕业班则可以根据每个小组的情况适当增加题目数量来提高梯度。复习课中，学习小结一定要让学生用自己的语言总结并讲出来与大家分享，而且在课堂上一定要完成好这个环节，老师引导补充，这样就可以让学生更好地理解这节课的内容。

下面以"利用导数研究函数的单调性"复习课教学设计、"椭圆定义的应用"复习课教学设计和"由递推公式求数列通项公式 a_n"复习课教学设计①为例来分析。

"利用导数研究函数的单调性"复习课教学设计

【内容与内容解析】

1. 内容。

利用导数研究函数的单调性问题,主要包括了解导数与函数的单调性的关系、判断或证明函数的单调性、根据函数的单调性求参数的范围等。

2. 内容解析。

(1)内容本质:$f(x)$单调性的定义变式为:设$x_1, x_2 \in [a, b]$,且$\frac{f(x_1)-f(x_2)}{x_1-x_2}>0$,则$f(x)$在$[a, b]$上是单调递增;设$x_1, x_2 \in [a, b]$,且$\frac{f(x_1)-f(x_2)}{x_1-x_2}<0$,则$f(x)$在$[a, b]$上是单调递减。$y=f(x)$在$x=x_0$处的瞬时变化率$\lim\limits_{\Delta x \to 0}\frac{\Delta y}{\Delta x}=\lim\limits_{\Delta x \to 0}\frac{f(x_0+\Delta x)-f(x_0)}{\Delta x}$,即$y=f(x)$在$x=x_0$处的导数,其几何意义是该点切线的斜率。通过变化率$\frac{f(x_1)-f(x_2)}{x_1-x_2}$将函数的单调性与斜率建立起本质的联系。利用导数研究函数的单调性问题主要以如何求函数的单调区间为主线,以"形到数、数到形"的切换为辅线,实现从观察到发现、到验证、到应用的一个过程。

(2)蕴含的数学思想方法:利用导数研究函数的单调性蕴含着从特殊到一般、数形结合、函数与方程、转化与化归、分类讨论的思想。

(3)知识的上下位关系:导数这个概念是高等数学的基本概念,又是中学阶段数学学习的一个主干知识,它是进一步学习数学和其他自然科学的基础,更是研究函数相关性质的重要工具之一。在必修一的学习中定义了单调性,学生学习了二次函数、指数函数、对数函数等基本函数的图象与性质,能够借助函数图象特征和单调性的定义来研究函数的单调性。利用导数研究函数的单调性时,在复习了导数的平均变化率、瞬时变化率、导数的定义和几何意义之后,为研究单调性提供了更一般的方法,是后面学习函数的极值、最值的知识

---

① 作者为广州市增城区郑中均中学徐甜、胡首双。

铺垫、能力基础和方法指导，起到了承上启下、完善建构、拓展提升的作用。

（4）育人价值：使学生认识到导数比单调性更能精确地反映函数的变化趋势，自主探究过程过渡自然，拉近了学生与所研究问题的距离，有利于发挥学生思维的主动性，让学生学会观察变化中的不变性，发现特殊中的一般性，培养学生的直观想象、逻辑推理、数学运算等数学核心素养。

【目标与目标解析】

1. 目标。

（1）借助几何直观了解函数的单调性和导数的关系，能利用导数研究函数的单调性；能求不超过三次的多项式函数的单调区间。

（2）学会利用导数处理函数单调性问题的方法、步骤。

（3）不断积累处理参数问题的方法，培养学生逻辑思维的严谨性，提升学生分类讨论、数形结合等数学思想方法的运用能力，以及分析问题、解决问题的能力。

2. 目标解析。

目标（1）旨在让学生能够处理 $f(x)$ 与 $f'(x)$ 的图象关系问题，能够熟练求解不含参数的函数的单调性问题；目标（2）旨在让学生提炼归纳出不同问题中相同或相似的解题步骤；目标（3）旨在让学生在处理含参数函数的单调性问题时，能够选择恰当的分类标准，会将有关结论和方法迁移到类似的数学情境中进行探究。

【教学问题诊断分析】

1. 问题诊断。

学生的抽象概括能力不够，不能理解其本质；对处理含参数函数的单调性问题有畏难情绪，不会分类讨论，不能熟练进行因式分解，数学运算不过关。

2. 教学难点。

领悟含参数函数的单调性问题的常用处理思路。

【教学支持条件分析】

第一，学生基本了解高中数学的基本思想和研究方法，掌握了基本初等函数的图象特征和基本性质，以及导数的定义、计算及其几何意义，具备了探究函数单调性的知识储备。第二，利用几何画板画图直观演示原函数与导函数的图象关系，能够促进学生对导数与单调性问题的直观理解，利用图片投影能够展示学生的解题情况。

课堂走向"三学"

【教学过程设计】

环节一:问题情境,复习引入

问题1:已知函数的解析式,如何判断函数的单调性?

引例1:指出下列函数的单调区间。

(1)$f(x)=x^2-4x+3$ (2)$f(x)=x^3$ (3)$f(x)=e^x+x$ (4)$f(x)=\ln x-x$

问题1-1:判断函数的单调性的方法有哪些?

问题1-2:求单调区间要注意什么?

师生活动:学生独立完成,回忆判断函数的单调性的常用方法:图象法、定义法、"增函数+增函数=增函数"等。

【设计意图】通过问题引导学生回顾判断函数的单调性的方法,用导数判断函数的单调性的方法步骤,构建知识网络,注意易错易漏点(不要忽略定义等)。

环节二:澄清概念,牛刀小试

问题2:导数与函数的单调性有什么联系?

引例2:请作出下列函数的原函数与导函数的图象。

	$f(x)=x^2-4x+3$	$f(x)=x^3$	$f(x)=e^x+x$	$f(x)=\ln x-x$
原函数图象				
导函数图象				

【设计意图】从"形"的角度对具体例子进行动态演示,引导学生通过观察、猜想,进而归纳、总结,体验知识的发现、发生过程;又从"数"的角度,进一步引导学生经历从特殊到一般的过程,通过"形到数、数到形"的切换方式,从特殊到一般理解导数与单调性的关系。利用数形结合思想,帮助学生实现从观察到发现、到验证、到应用的过程,变教师灌注知识为学生主动获取知识,

从而使学生成为课堂教学活动的主体。

问题 2-1：函数解析式未知，如何利用原函数 $f(x)$ 的图象作出导函数 $f'(x)$ 的图象？

例题 1：设 $y=f(x)$ 在定义域内可导，$y=f(x)$ 的图象如图 4-15 所示，则导函数 $y=f'(x)$ 的图象可能为（　　）。

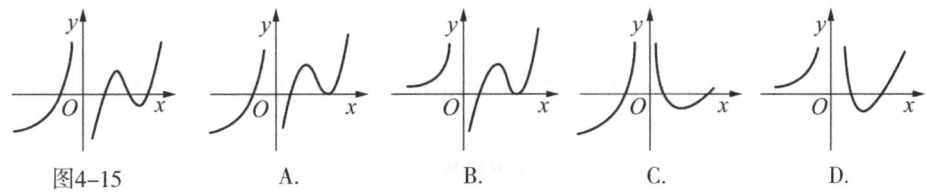

图4-15　　　　A.　　　　　B.　　　　　C.　　　　　D.

问题 2-2：函数解析式未知，如何利用导函数 $f'(x)$ 的图象作出原函数 $f(x)$ 的图象？

例题 2：已知 $y=f'(x)$ 的图象如图 4-16 所示，则原函数 $f(x)$ 的图象只可能是（　　）。

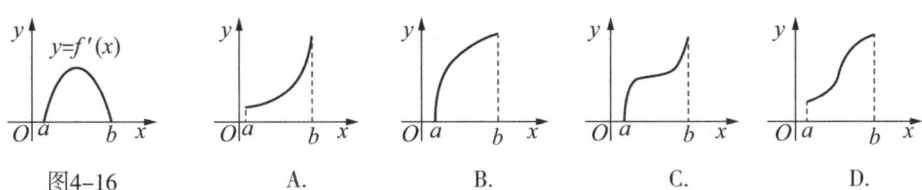

图4-16　　　　A.　　　　　B.　　　　　C.　　　　　D.

师生活动：学生作答、讲解，教师点评。

【设计意图】引导学生经历从特殊到一般的过程，进而去理解导数与单调性的关系，进行知识与方法的迁移。

问题 2-3：利用导数判断函数单调性的解题步骤是什么？以 $f(x)=\ln x-x$ 为例。

解：$f(x)$ 的定义域为_____， $f'(x)=$ _____ = _____. 令 $f'(x)=0$，得 $x=$ _____.	当 $f'(x)>0$，即_____时，$f(x)$ 递增； 当 $f'(x)<0$，即_____时，$f(x)$ 递减． 所以，$f(x)$ 的增区间为_____； $f(x)$ 的减区间为_____．

小结：利用导数研究判断函数单调性的步骤如下。

(1) 确定函数 $f(x)$ 的定义域。

(2)求出函数的导函数 $f'(x)$。

(3)在定义域内解不等式 $f'(x)>0$ 或 $f'(x)<0$。

(4)下结论,确定函数的单调区间。

师生活动:师生总结利用导数判断函数单调性的步骤,教师板书规范解题步骤。

【设计意图】强化学生规范解题意识。

环节三:变式提高,提炼方法

问题3:一些含有参数的函数,其导函数也常含有参数,怎样判断其单调性呢?

引例3:讨论 $f(x)=a\ln x - x$,$a\in \mathbf{R}$ 的单调性。

问题3-1:该函数的导数的正负由哪个式子确定?

问题3-2:这个式子对应的函数中哪些量是确定的?哪些量是不确定的?

问题3-3:该导函数有零点吗?

问题3-4:导函数的零点在定义域内吗?

问题3-5:现在你可以总结一下怎样讨论该函数的单调性了吗?

问题4:怎样对参数分类讨论?分类标准有哪些?

小结:常见的对参数分类讨论的标准如下。

(1)最高次的系数是否为0?

(2)$f'(x)=0$ 的根是否存在?

(3)若 $f'(x)=0$ 有根,根的个数有几个?

(4)根的范围?(根是否在定义域内)

(5)根的大小关系?

师生活动:学生先思考,尝试按照步骤讨论函数的单调性。教师引导学生按照设置的问题,分析影响单调性的变量,引导学生归纳总结分类标准。教师示范解题,规范解题方法与步骤。

【设计意图】设置五个递进性问题,目的是引导学生学会"四看一总结",即"一看本质",导函数的正负由哪个式子决定;"二看定量和变量",如一次式中斜率和截距,二次式中抛物线的开口方向、对称轴、纵截距等;"三看零点",看导函数有无零点,零点有几个,大小关系如何;"四看位置",看导函数的零点和所给区间的相对位置关系。不能确定的,需要分类讨论。通过以上四个问题,帮助学生固化处理含参数函数问题的解题思路和步骤,希望能在一定程度上增强学生的解题能力。

环节四:方法应用,内化知识

问题5:能否将问题2-3的结论与方法进行迁移推广?

变式1：讨论$f(x)=\ln x-ax$，$a\in\mathbf{R}$的单调性。

变式2：讨论$f(x)=\ln x-(a+1)x$，$a\in\mathbf{R}$的单调性。（2020年广州市增城区高三调研）

变式3：讨论$f(x)=\ln x-(2a+1)x$，$a\in\mathbf{R}$的单调性。

变式4：讨论$f(x)=\ln x-ax^2$，$a\in\mathbf{R}$的单调性。

变式5：讨论$f(x)=\ln x+ax^2-(2a+1)x$，$a>0$的单调性。

变式6：讨论$f(x)=\ln x+ax^2-(2a+1)x$，$a\in\mathbf{R}$的单调性。

变式7：讨论$f(x)=a^2\ln x-x^2+ax$，$a\in\mathbf{R}$的单调性。（2011年浙江卷）

变式8：讨论$f(x)=\dfrac{1}{x}-x+a\ln x$，$a\in\mathbf{R}$的单调性。（2018年全国Ⅰ卷）

师生活动：学生尝试利用所学到的判断函数单调性的步骤、分类讨论的方法解决变式问题，教师在课堂上要求学生解答变式1、变式4、变式5这三种不同类型的题目，剩余题目可以课后探究。教师展示学生的解答，引导学生总结归纳，提炼解题方法。

【设计意图】通过变式题组的设置，让学生进一步巩固所掌握的判断函数单调性的步骤、分类讨论的标准，通过对比感受知识的生成，做到解一题、通一类。

问题6：你能不能出一些类似的题目来考考大家？

师生活动：学生可以开放性地编题。

【设计意图】变式题组的设置让学生感受到题目是如何构造出来的。让学生编题，引导学生认识高中所遇到的一些函数的构造产生方式。在求导及对导数通分、分解因式等活动中培养数学建模核心素养，在对导数式进行观察分析中培养数据分析、逻辑推理等核心素养，此外，还可以培养数学抽象核心素养和直观想象核心素养。

环节五：反思总结，问题延伸（见图4-17）

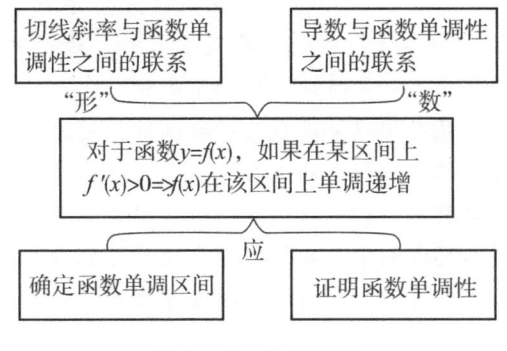

图4-17 知识总结

问题7：通过这节课，你学会了什么知识，能解决哪些问题？你的收获与感受是什么？

【设计意图】通过教学培养学生"学习—总结—反思"的良好习惯，通过自我评价促使学生体验到成功的快乐，提高学生学习的自信心。

课外拓展：

(1) 设 $f'(x)$ 是函数 $f(x)$ 的导函数，将 $y=f(x)$ 和 $y=f'(x)$ 的图象画在同一个直角坐标系中，不正确的是（   ）。

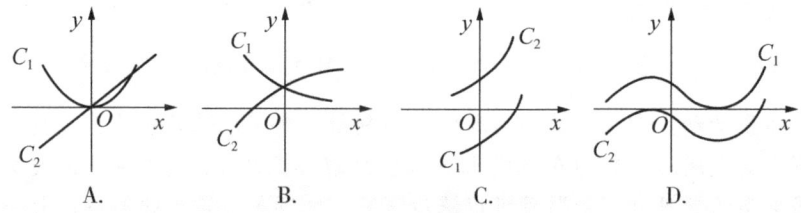

(2) 已知函数 $y=xf'(x)$ 的图象如图 4-18 所示，$f'(x)$ 是函数 $f(x)$ 的导函数，下面四个图象中，最符合 $y=f(x)$ 的图象的是（   ）。

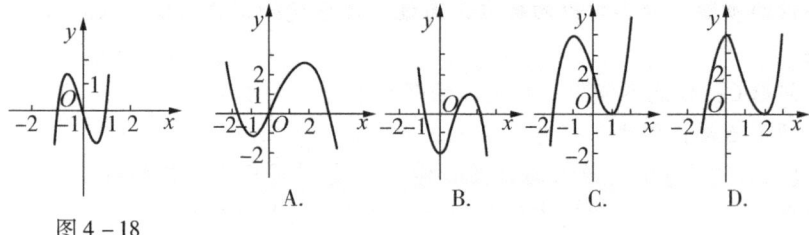

图 4-18

(3) 已知 $f(x)=e^x+ax^2-x$，当 $a=1$ 时，讨论 $f(x)$ 的单调性。（2020 年新课标 I 卷）

【设计意图】巩固知识，反馈信息，同时注意个体差异，因材施教。

导数是高等数学的一个核心概念，同时也是中学数学学习的重要组成部分，为深入学习数学和其他自然科学奠定了基础，是研究函数性质的关键工具。单调性，作为函数的主要特性，描绘了函数图象的变化趋势，它在必修一课程中已有定义，并且在学习幂函数、指数函数、对数函数及三角函数时，我们可以借助函数图象的特征和单调性的定义来分析函数的单调性。然而，我们仍需要探讨为何还要利用导数来研究函数的单调性，以及这是否可行，具体如何操作。基于这样的思考线索，我们将整个教学过程分为五个环节：(1) 创设情境：首先构建一个相关的教学情境，激发学生的学习兴趣和好奇心。(2) 实例验证：通过具体的例子，展示导数在判断函数单调性中的应用，使学生初步感知其有效性。(3) 揭示本质：深入探讨导数为何能够用于判断函数的单调性,揭示其背后的数学原理。(4)强化应用:通过大量的练习和实际应用,巩固学生对利用导数判断函数单调性的理解和掌握。(5)回顾反思:对整个教学过程进行回顾和总结,引导学生反思自己的学习过程和收获,进一步巩固知识。这五个环节层层递进,形成一个螺旋上升的教学结构,旨在帮助学生深入理解并掌握利用导数研究函数单调性的方法。

本课的难点是引导学生发现导数与函数单调性之间的联系,而这两个概念都是非常抽象的,学生很难直接感知。所以在引入阶段,教师利用生活中的常见问题汽车灯光的指向与上下坡之间的联系,完成第一次抽象,即引导学生发现道路可以抽象成函数的图象,灯光可以抽象成切线,这样问题就转化为切线斜率正负与曲线上升下降的联系。适当建系后,教师带领学生完成第二次抽象,即将曲线看作是函数 $y=f(x)$ 上的一段图象,那么切线斜率即为函数在该点处的导数,由此让学生顺势猜想得出结论,感知导数正负与函数单调性之间的联系,从而轻松高效地引入课题,并成功激发学生的求知欲,这体现了"生活中处处有数学"的教学理念。

前面已经猜想出结论,但是该结论是否正确,还有待检验。学生首先想到的就是验证已经学过的常见函数,从而深化对所得结论的理解,再从"形"回到"数",进一步引导学生经历从特殊到一般的过程,抓住导数和函数单调性的定义之间的联系来提炼一般性的结论,由学生自主探究、分组展示、互相点评,变灌注知识为学生主动获取知识,从而使学生成为课堂教学活动的主体。

课上的例题逐层推进,体现了导数法在研究函数单调性中的一般性和有效性,由形到数,由数到形,数形结合的思想贯穿始终。

"椭圆定义的应用"复习课教学设计

【内容与内容解析】

1. 内容。

椭圆定义的应用。

2. 内容解析。

本节课是人教数学 A 版选修一第三章"圆锥曲线的方程"中椭圆部分的第一节内容,主要学习椭圆的定义和标准方程。椭圆定义的应用是本章也是整个解析几何部分的重要基础知识。这可以为学生后面学习双曲线、抛物线的概念打下良好的基础,让学生学会利用圆锥曲线的定义来解决相关问题,从而体验到解析法解题的全过程。本节椭圆习题课的学习是对其学习内容的进一步深化和提高。

【目标与目标解析】

1. 目标。

（1）理解椭圆的定义及有关概念。

（2）注重数形结合等数学思想方法的渗透，让学生掌握解决焦点三角形的相关问题的方法，并培养学生观察、比较、分析、概括的能力。

（3）让学生经历观察几何图形并运算求解的过程，体会椭圆定义在解题中的重要作用，在层层追问、一题多解、一题多变、多题化一的探索过程中，领会数形结合思想、方程思想和从特殊到一般的数学思想，并使学生体验其他知识点与椭圆的综合运用。

2. 目标解析。

椭圆的定义及有关概念是理解椭圆的基础，涉及椭圆的标准方程、焦点、长轴、短轴等要素。学生需明确椭圆的形成条件和几何特征，为后续解题奠定基础。因此，教师在教学中应强调数形结合思想的应用，通过图形引导学生掌握求解相关问题的方法，同时培养学生观察、比较、分析、概括等数学思维能力，提升解题技巧。通过观察几何图形、运算求解等过程，学生可深入体会椭圆定义在解题中的重要性，在多元化探索中领悟数学思想方法，并学会将椭圆与其他知识点综合运用，提升数学素养。

【教学问题诊断分析】

该班级学生虽然具备一定的分析、解决问题的能力，但整体数学基础较为薄弱，计算能力也显得不足。作为文科生，他们在面对数学问题时，往往缺乏足够的自信和独立解题的能力。因此，在教学过程中，需要特别注意引导学生逐步建立数学解题的自信心，培养他们的计算能力和应用技巧分析问题的能力。对于试题的分析和解答，则需要教师的耐心引导和逐步训练。在教学过程中，应多采用实例和图形辅助讲解，帮助学生更好地理解数学概念和方法。同时，通过逐步增加题目的难度和复杂度，引导学生逐步提高解题能力和数学素养。

【教学支持条件分析】

本节课依托多媒体教室进行，利用PPT展示椭圆的定义、性质及例题，直观清晰。同时，配备几何画板软件，动态演示椭圆的形成及焦点变化，帮助学生深化理解。此外，课前准备"椭圆定义的应用"的前置研究及复习题库，以满足学生的学习需求。课堂还设有互动环节，鼓励学生发表意见、互相讨论，营造积极的学习氛围，促进知识的掌握和应用。

【教学过程设计】

环节一：复习导入

教师活动：让学生小组派代表上台为大家梳理椭圆的定义、标准方程的基础知识，这包括"椭圆上的点与两个焦点 F_1，F_2 所形成的三角形，称之为焦点三角形，在这个三角形中，PF_1 与 PF_2 和为定值"。

学生活动：课前认真完成前置研究并在小组内交流。

【设计意图】为本节课做好知识准备，并点出本节课的主要内容。

环节二：组织探究

例题1：已知椭圆 $\dfrac{x^2}{25}+\dfrac{y^2}{16}=1$ 的焦点为 F_1，F_2，点 P 为椭圆上任意一点，则 $\triangle PF_1F_2$ 的周长为_____。

变式1：过椭圆 $\dfrac{x^2}{4}+\dfrac{y^2}{2}=1$ 的一个焦点 F_1 的直线与椭圆交于 A，B 两点，则 A，B 与椭圆的另一焦点 F_2 构成 $\triangle ABF_2$，那么 $\triangle ABF_2$ 的周长是( )。

A. $4\sqrt{2}$ B. 8   C. $2\sqrt{2}$ D. 16

学生活动：独立解决，小组交流，并上台口述过程。

【设计意图】例题1让学生初步体验在焦点三角形中椭圆定义的运用，为后面的例题做铺垫。变式1旨在让学生利用定义处理有关过椭圆焦点的三角形的问题。

环节三：组织探究并展示成果

题型1：利用椭圆定义求椭圆的标准方程(轨迹)问题。

椭圆 O：$\dfrac{x^2}{25}+\dfrac{y^2}{9}=1$ 的一个焦点为 F_1，M 为椭圆上一点，且 $|MF_1|=2$，N 是线段 MF_1 的中点，则 $|ON|=$_____。

学生活动：独立解决，小组交流，上台口述解题思路并板书过程。

【设计意图】让学生体验焦点三角形的中位线、椭圆定义的应用。

题型2：利用椭圆定义求距离问题。

已知 F_1，F_2 是椭圆 $\dfrac{x^2}{4}+\dfrac{y^2}{3}=1$ 的两个焦点，点 P 在椭圆上。

(1)若点 P 到焦点 F_1 的距离等于1，则点 P 到焦点 F_2 的距离为_____。

(2)若 $\angle PF_1F_2=120°$，则点 P 到焦点 F_1 的距离为_____。

学生活动：独立解决，小组交流，上台口述解题思路并板书过程，其间还要面向全体学生提问，其他同学进行补充。

【设计意图】主要考查椭圆的定义、焦点、相关距离以及余弦定理,属于对基础知识、基本运算的考查。

题型3:利用椭圆定义求三角形周长问题。

在平面直角坐标系 xOy 中,椭圆 C 的中心在原点处,焦点 F_1,F_2 在 x 轴上,离心率为 $\frac{\sqrt{2}}{2}$,过 F_1 的直线 l 交椭圆 C 于 A,B 两点,且 $\triangle ABF_2$ 的周长为16,那么椭圆 C 的方程为_____。

学生活动:独立解决,小组交流,上台口述解题思路并板书过程,其间还要面向全体学生提问,其他同学进行补充。

【设计意图】让学生加深理解利用椭圆定义求三角形周长以及椭圆离心率的问题。

题型4:利用椭圆定义求三角形面积问题。

已知 F_1,F_2 是椭圆 $C:\frac{x^2}{a^2}+\frac{y^2}{b^2}=1(a>b>0)$ 的两个焦点,P 为椭圆 C 上的一点,且 $\overrightarrow{PF_1} \perp \overrightarrow{PF_2}$。若 $\triangle PF_1F_2$ 的面积为9,则 $b=$_____。

学生活动:独立解决,小组交流,上台口述解题思路并板书过程,其间还要面向全体学生提问,其他同学进行补充。

【设计意图】让学生利用椭圆定义解决三角形面积问题;知道解焦点三角形问题经常使用三角形边角关系定理。解题中,通过变形,使之出现 $|PF_1|+|PF_2|$,这样便于运用椭圆的定义,拓展解题思维。

环节四:学习小结

(1)利用椭圆定义求椭圆的标准方程(轨迹)问题。

(2)利用椭圆定义求距离问题。

(3)利用椭圆定义求三角形周长问题。

(4)利用椭圆定义求三角形面积问题。

学生活动:学生根据以上四点进行总结,其他组成员补充。

【设计意图】提炼过程,总结方法,进一步提高学生的概括能力。

在本节课的教学中,教师把"以学生的发展为本"作为指导思想和出发点,以及根据学生的知识经验特点,主要采用自主探究式教学方法,即"前置研学—小组队学—教师帮学"的课堂教学模式,做好前置研究,通过前置问题激发学生求知欲,并针对性地为学生解惑、启惑,调动学习者学习的主动性。

在"椭圆定义的应用"复习课的具体教学设计中,教师先让小组进行"三基"梳理,即基础知识(定义、公式、概念)梳理、基本技能梳理、基本方法梳理,并派代表进行讲评,这个过程就是让学生回顾知识点,在其他同学的补充下完善知识，然后通过典型例题讲解，部分引导、提问，让学生巩固知识点，最后是引导学生对解题方法进行总结和提升。

"由递推公式求数列通项公式 a_n" 复习课教学设计

【内容与内容解析】

1. 内容。

用递推公式求数列通项公式。

2. 内容解析。

递推公式是认识数列的一种重要形式，是给出数列的基本方式之一。对数列的递推公式的考查是近几年高考的热点内容之一，属于高考命题中常考常新的内容，且数学思想方法的考查在高考中的分量逐年加大。化归思想是本课时的重点数学思想方法。化归思想就是把不熟悉的问题转化成熟悉问题的数学思想，即把数学中待解决或未解决的问题，通过观察、分析、联想、类比等思维过程，选择恰当的方法进行变换、转化，将其归结到某个或某些已经解决或比较容易解决的问题上，最终解决原问题的一种数学思想方法。化归思想是解决数学问题的基本思想，解题的过程实际上就是转化的过程。因此，研究由递推公式求数列通项公式的数学思想方法是很有必要的。

【目标与目标解析】

1. 目标。

（1）培养学生观察分析、应用公式的能力。

（2）在领会函数与数列关系的前提下，渗透函数、方程的思想，转化与化归的思维方式。

（3）从函数、方程的角度看通项公式。

（4）通过对数列通项公式的研究，体会从特殊到一般，再到特殊的认识事物规律，培养学生主动探索、勇于发现的求知精神。

2. 目标解析。

以上教学目标综合体现了对学生数学素养与思维能力的全面培养。具体而言，这些目标旨在通过数列讲评课，首先强化学生观察分析数列特征、灵活应用相关公式的能力，使他们能够从数列的复杂表象中提炼出本质规律；其次，在深刻理解函数与数列内在联系的基础上，引导学生渗透并应用函数、方程的思想，以及转化与化归的思维方式，以更广阔的数学视角审视和解决数列问题；再者，帮助学生从函数、方程的角度出发，重新审视数列的通项公式，深入理解公式的构造原理和应用场景,提升他们的数学抽象能力和逻辑推理核心素养;最后,通过对数列通项公式的深入研究和探讨,让学生亲身体验从特殊案例中发现普遍规律,再将普遍规律应用于解决具体问题的认知过程,从而培养他们的主动探索精神和勇于发现新知的求知态度,为他们的终身学习和发展奠定坚实的数学基础。

【教学问题诊断分析】

普通文科班的部分学生思维水平相对较好,具有一定的分析、解决问题的能力。但也有部分学生数学基础较弱,计算能力较弱,对试题的分析解决要在老师的引导下慢慢进行训练。

【教学支持条件分析】

由递推公式求数列通项公式的教学,已具备多方面的支持条件。教材与教辅资料提供了系统的理论知识和丰富的例题,有助于学生掌握基础知识。学生已具备数列基础知识,对递推公式有初步认识。在教学模式上,采用"本原三学"课堂教学模式,能有效激发学生的探索欲。同时,多媒体教学手段和在线资源的应用,使教学更加直观生动,便于学生理解和应用。这些已有的教学支持条件,为高效开展由递推公式求数列通项公式的教学奠定了坚实基础。

【教学过程设计】

环节一:复习引入前置研究

例题1:已知 $a_n - a_{n-1} = 2(n \geq 2$ 且 $n \in \mathbf{N}^*)$,$a_1 = 1$,求数列 $\{a_n\}$ 的通项公式。

例题2:已知 $a_n = 2a_{n-1}(n \geq 2$ 且 $n \in \mathbf{N}^*)$,$a_1 = 1$,求数列 $\{a_n\}$ 的通项公式。

例题3:已知 $a_n = 2a_{n-1} + 3(n \geq 2$ 且 $n \in \mathbf{N}^*)$,$a_1 = 1$,求数列 $\{a_n\}$ 的通项公式。

例题4:已知数列 $\{a_n\}$ 的前 n 项和为 S_n,$S_n = n^2 + 2n(n \in \mathbf{N}^*)$,求数列 $\{a_n\}$ 的通项公式。

教师活动:依据以上例题,提问学生"你能把用递推公式求数列通项公式 a_n 的常见题型整理出来吗?请举例说明"。

学生活动:独立完成解题过程,然后小组内交流并上台展示自己整理的四种题型。题型如下:

(1)已知 a_1,$a_n - a_{n-1} = d(n \geq 2$ 且 $n \in \mathbf{N}^*)$,d 是常数,求通项公式 a_n。

(2)已知 a_1,$a_n = q \cdot a_{n-1}(n \geq 2$ 且 $n \in \mathbf{N}^*)$,q 是常数,求通项公式 a_n。

(3) 已知 a_1,$a_n = q \cdot a_{n-1} + d (n \geq 2$ 且 $n \in \mathbf{N}^*)$,q、d 均为常数,求通项公式 a_n。

(4) 已知 S_n 与 a_n 的关系是 $a_n = \begin{cases} S_1, & (n=1) \\ S_n - S_{n-1}, & (n \geq 2) \end{cases}$,$n \in \mathbf{N}^*$,求通项公式 a_n。

【设计意图】复习基础知识,引入课题。

环节二:组织探究并展示成果

例题1:已知 S_n,求通项公式 a_n。

已知数列 $\{a_n\}$ 的前 n 项和为 S_n,且 $S_n = n^2 + 2n$,求数列 $\{a_n\}$ 的通项公式 a_n。

例题2:利用 S_n 与 a_n 的关系求通项公式 a_n。

已知正数数列 $\{a_n\}$ 的前 n 项和为 S_n,满足 $a_n^2 = S_n + S_{n-1}(n \geq 2)$,$a_1 = 1$,求数列 $\{a_n\}$ 的通项公式 a_n。

教师活动:对学生的解题思路和解题过程给予反馈,鼓励学生根据例题1,补充题型:"已知数列 $\{a_n\}$ 的前 n 项和为 S_n,且 $S_n = n^2 + 2n + 2$,求数列 $\{a_n\}$ 的通项公式 a_n",并进行解答。

学生活动:独立解决问题,然后在小组内交流后上台口述解题思路,并板书解题过程。

【设计意图】让学生在由前 n 项和求数列通项公式时注意检验第一项(首项)是否满足,若不满足,则必须写成分段函数形式;若满足,则应统一成一个式子。

例题3:利用解方程来求通项公式 a_n。

已知各项均为正数的数列 $\{a_n\}$ 的前 n 项和为 S_n,且满足 $S_n^2 - (2^n - 1)S_n - 2^n = 0$,求数列 $\{a_n\}$ 的通项公式 a_n。

学生活动:独立解决问题,然后小组内交流后上台口述解题思路,并板书解题过程,其间还可以向全体同学进行提问。

【设计意图】让学生通过解方程的思想来解决求数列通项公式的问题,再由前 n 项和求数列通项公式,注意检验 $n=1$ 的情况以及最后的化简问题。

例题4:a_n 与 S_n 的拓展应用。

已知数列 $\{a_n\}$ 满足 $a_1 + 4a_2 + 4^2 a_3 + \cdots + 4^{n-1} a_n = \dfrac{n}{4}(n \in \mathbf{N}^*)$,求数列

$\{a_n\}$ 的通项公式 a_n。

学生活动：独立解决问题，然后小组内交流后上台口述解题思路，并板书解题过程，其间还可以向全体同学进行提问。

【设计意图】让学生通过换元思想对给出的式子进行分析，运用从特殊到一般，再到化繁为简，最后变陌生为熟悉的思想方法，有效解决问题。

环节三：学习小结

(1) 等差数列：已知 a_1，$a_n - a_{n-1} = d(n \geq 2$ 且 $n \in \mathbf{N}^*)$，d 是常数，求通项公式 a_n。

(2) 等比数列：已知 a_1，$a_n = q \cdot a_{n-1}(n \geq 2$ 且 $n \in \mathbf{N}^*)$，q 是常数，求通项公式 a_n。

(3) 构造新数列：已知 a_1，$a_n = q \cdot a_{n-1} + d(n \geq 2$ 且 $n \in \mathbf{N}^*)$，q、d 均为常数，求通项公式 a_n。

(4) 利用 S_n 与 a_n 的关系是 $a_n = \begin{cases} S_1, & (n=1) \\ S_n - S_{n-1}, & (n \geq 2) \end{cases}$，$n \in \mathbf{N}^*$，求通项公式 a_n。（注意检验 $n=1$ 的情况）

学生活动：学生总结，其他组成员补充。（数学方法：定义法、构造法、解方程法。数学思想：换元思想、方程思想、化归思想）

【设计意图】带领学生提炼过程，总结方法，进一步提高学生的概括能力。

在本节课的教学中，教师把"以学生的发展为本"作为指导思想和出发点，以及结合学生的知识经验特点，主要采用"三学课堂"教学模式，即"前置研学—小组队学—班级群学"的教学模式，充分创设前置研究，通过前置问题激发学生求知欲；关注学生的思维发展，为学生的自主探索与合作交流搭建平台，使学生主动参与数学课堂活动，在课堂上积极体验、合作交流、自主探究，形成师生互动的教学氛围，有效解决数学问题。另外，教师有针对性地解惑、启惑，能调动学生学习的主动性。

第五章

"三学课堂"的论文及案例选编

第一节 "三学课堂"的模式应用研究

教学不应有主播

——线上教学倒逼教育走向生本①

2019年底,一场突如其来的疫情,延迟了我们与开学季的约定,教育部门发出了"停课不停教"的号召,全国各地的中小学校都变成了"网校",有些学校面对空无一人的操场举行"空中"开学典礼,教师与学生只能在互联网上"隔屏"相约,远程教学线上课堂应运而生。面对这场突如其来的挑战,很多教师都未来得及成熟思考线上教学的对与错,匆忙从线下走向线上。据两个月余的线上教学观察,线上教学存在的最大的问题是教学理念被牢牢束缚在"主播"定位上。下面,笔者透过"主播"背后的理念实质,为将来的教学方向提出几点思考。

一、主播理念的教学问题透视

问题1:师在,生不在。笔者曾听了一位外校教师的线上数学课,整个课堂40分钟,教师上课时问了两个问题,第一个问题是"同学们看得到吗?";第二个问题是"同学们听得到吗?"。这两个问题勉强作为师生互动环节。整个课堂都是教师一个人主播课堂,独占课堂,教师无视和忽视学生的学习状态与学习效果。在今天的线上教学中,我们的课堂上没有学生,教师更有理由"目中无人"。虽然线下课堂,我们有点"目中无人",但是,课堂上教师还可以直接和学生沟通,教师还能监督学生,有经验的教师通过观察学生的表现还可以适时调整教学进度与策略,想着法子逼着学生去学习。现在,隔着屏幕,我们

---

① 作者为广州市增城区第一中学胡首双。

看不到学生，不知道学生在不在课堂上，不知道学生有没有学习，也不知道学生有没有学懂，无奈之下，家长成了助教、成了班主任。

线上教学"师在，生不在"的根源还必须从日常的面授教学中寻找。传统课堂上，部分教师关注的是课标、教材、考纲，关注的是教学目标、重难点，关注的是考题和考试分数，而没有关注学生的学习是如何发生的，没有关注学生在学习过程中的感受。有的教师有时候不管学生的基础，也不管学生是否学会了、学懂了。一个劲儿地往下讲，就是为了完成教学流程和教学任务。在课堂上，学生很少有机会独立发表自己的见解，即使有也会被教师高度凝练的语言概括了，或者是因为课堂时间有限而被忽略了，久而久之，学生知道自己不用思考，不需要发言，不需要讨论，教师就会公布最佳结果和参考答案。多年来，大家一直诟病我们的教育是"目中无人"的教育。

问题2：教在，学不在。有的教育主管部门发文称义务教育阶段不能讲新课，现在形势变化了，网课可能还要上一段时间；又说义务教育阶段可以讲新课了，但是小学开学以后从"零"起点开始重新教学，补齐之前线上课堂的缺漏。不得不说，落后的传统教育理念遭遇线上教学是教育的悲哀，不仅没有找到线上课堂的良方，更体现了有些教育主管部门的无奈以及对线上教学能效的疑虑。长期以来，教师一直专注研究教什么、如何去教，很少关注学生学什么、怎么去学。世人常常用高超的教材整合能力、高效的课堂组织能力、高明的教学驾驭能力来褒扬一位教师，用"行云流水""一气呵成"来形容一节好课。杜威说："教学犹如买卖，只有教师积极地卖，没有学生主动地买，买卖没做成，也不会有真正的教学与教育。"没有学生主动参与、积极构建的教学不是真正的教学。教师"雄霸"的课堂、教师对学生单向传输的课堂是低效的课堂，只管教而不管学的教学是"一厢情愿"的教学。线上课堂，教师成了"屏霸""麦霸"，学生还有可能成为"学霸"吗？教在，学不在，线上课堂真的成了"一厢情愿"的教学了。要想做好线上教学，教学一定要由以"教"为中心转向以"学"为中心，教师一定要把研究"如何教"转向研究"如何学"，教必然皈依于学。

二、教学改进的生本路径探索

突如其来的线上教学让我们来不及研制"新药"，但是郭思乐教授早就开出了教育的良方——生本教育。它不仅能根除传统教育的"沉疴"，灵药新治，更能解决线上教学的"新病"。生本教育提出"一切为了学生"的价值观，"高度尊重学生"的伦理观，"全面依靠学生"的行为观。基于生本教育的理念，无论是线上还是线下教学中，教师都不应当成为"主播"，因为教学不应有主播，教师始终是教学的设计者和学生学习的促进者。笔者在实践中建构的"本原三学"教学模式，由于有效抓住生本教学的教师角色定位，有效保证了线上教学与线下教学的顺利衔接，无论是从线下转到线上，还是从线上转到线下，教学始终演绎着学生主体发挥与主动学习的精彩。

按照"本原三学"课堂教学模式,每节课要经历"前置自学(自主学习)——组内学(组内交流)——组间学(组间交流)"三个环节,三个环节环环相扣,各有侧重,相互渗透,构成一个完整的教学过程。

首先,学生个体先自主学习,让学生有"对话的资本",便于与其他同学进行交流;其次,构建学习小组,学生进行合作学习,凝聚同学们的智慧,形成学习"成果",基于在线学习的特殊性,对小组队学不作过高要求,但仍鼓励学生积极探讨重难点知识;再次,给学生以舞台,展示学习成果。

在教学过程中,教师要"引导、点拨、纠偏、补漏",帮助学生提炼知识、提升能力和指明学习方向,充分利用钉钉平台连麦等功能,让学生在线展示。我们学校规定,线上教学"三不准":

(1)不准"满堂播"。不准教师简单用线上录播内容或自己录播的课堂录像在课堂播放来代替上课,录像等视频只能作为教学资源,在网课期间作为补充。

(2)不准"满堂讲"。网课期间,学生易疲劳、易走神,课堂如果是教师一言堂,那肯定达不到教学效果。

(3)不准"满堂练"。学生训练时间要合理控制,不能简单地让学生整堂课做练习而没有其他课堂活动。要有检查、考核的课堂内容。

这些规定是符合线上教学规律的,也迫使教师们必须改变传统课堂模式。学生的注意力高度集中的时间一般在20分钟左右,加之对着电脑,更容易疲倦。那么,教师们课堂讲解的时间势必要缩短,要更精炼。还要通过多种教学模式的切换来吸引学生,调动他们的注意力,使得课堂更加有效。

这就回归了教育的本原:由以"教"为中心转向以"学"为中心,教育的本质是在教师的帮助下,学生能够自主学习,线上课堂使得整个课堂直指学生的自主学习。整个课堂以学生为主,重视学生个人的学习情况。

所以,即使学校不要求,教师也会很自觉地调整上课模式,而我们的"本原三学"课堂教学模式,在此状态下无疑是合适的。

三、"三学"为径的生本课堂实践

下面以高三文科数学的"导数的几何意义——求切线方程"一课为例,展示一下笔者所在学校的"本原三学"课堂教学过程。

第一环节:前置自学——教师先将前置研究发给学生,学生重新阅读教材,了解导数的几何意义及简单应用,并从题库中找出与之相关的高考真题,先独自一人做题,思考分析利用导数求切线方程的方法与步骤。

第二环节:组内学——同学们将做好的前置研究发到所在的数学小组群里,组内其他队员一起帮忙检查作业,讨论解题方法,或者向其他同学求教不懂的部分，这样，在组内就能解决一部分问题了。

第三环节：组间学——组长整理出小组内不能解决的问题，准备在第二天的课堂中提出，看看其他小组有没有遇到类似的问题，是否有同学能够解答或者解释其他人的疑惑。

整堂课采用钉钉视频会议的形式授课，教师把握好课堂节奏，在学生解答过程中对解释不清的地方进行适当点拨，以便其他同学更好地理解，或者指出学生都没有注意到的细节。因为是线上教学，教师还要适时引导学生切换摄像头，以便看到讲解的同学的卷面和板书。

即使隔着屏幕，利用网络和软件的便利性，也能把课堂交还给学生，充分调动学生学习的主动性与积极性。在课堂上，教师和学生灵活利用软件进行互动，把课堂交还给学生，体现出生本课堂的优越性。

线上教学对于我们每一位教师来说都是一个全新的挑战，我们都从零开始，一步一步摸索着，学生习惯了自主学习，不仅能够在课堂上自如地讨论，还会在课堂外与同学建立小组进行讨论。

这样的学习习惯，有效地弥补了线上教学的缺陷。从初一到高三，大部分班级的线上学习都呈现出比较活跃的状态。相信，有了这样的学习状态，定能收获比较好的成效。

虽然我们一直在推行生本教育改革，但是还有很多地方进行得不彻底，有些教师在认识上也存在模糊之处。这次的战"疫"，的确给我们狠狠地补了一课，线上教学倒逼教育走向生本，线上课堂倒逼教学回归本原。

教育必然走向生本！教学必须回归本原！

参考文献

[1] 郭思乐. 教育走向生本[M]. 北京：人民教育出版社，2001.

[2] 郭思乐. 教育激扬生命[M]. 北京：人民教育出版社，2007.

[3] 胡首双. 从人出发，优化学校管理[J]. 基础教育论坛，2019(6)：24-27.

[4] 胡首双. 线上教学倒逼教育走向生本[EB/OL]. (2020-03-02)[2020-04-06]. http：//xtsh.org/crns/show-669.html.

[5] 胡首双.【空中教研5】今天晚上我们结合高中生本课堂的"几何概型"，由仙村中学胡首双校长讲：线上教学倒逼教育走向生本. (2020-03-02)[2020-04-06]. https：//www.sohu.com/a/377270208_661386.

[6] 林红英. 面对"目中无人"的教育[J]. 青海教育，2013(11)：19.

[7] 刘茂雄. 建设名校之路需深刻领会"生本教育"的核心理念. (2019-03-07)[2020-04-06]. http：//www.sohu.com/a/299947491_661386.

[8] 徐林彦. 论生本教育的真善美[J]. 现代教育论丛，2008(7)：65-68.

第五章 "三学课堂"的论文及案例选编

"本原三学"新课教学之我见
——"本原三学"在数学教学中的应用与价值①

摘要：本文分析了"本原三学"新课教学模式，特别是其中的"前置研学—团队互学—教师帮学"三个环节，并结合数学学科知识进行了深入探讨。研究结果显示，"本原三学"教学模式相较于传统教学模式具有明显优势。为了充分发挥这一模式的优势，需要激发学生的学习主动性，并合理安排他们的学习时间。因此，在新时期的教育实践中，应以"本原三学"教学模式为主导，同时辅以其他教学模式，以充分利用"本原三学"的优势，并通过其他模式来弥补其可能存在的不足。

关键词："本原三学"；数学教学；主动性；优势

一、"本原三学"的概念

本原是世间万物的开始，本原教育是对生本教育的继承和发展，强调教育要回归学生本原，把学习权利交还给学生，认为学习是人与生俱来的本领，要相信学生能学习、会学习。"三学课堂"是指教学由"前置研学—团队互学—教师帮学"三大环节构成，促进学生自主学习、合作学习和探究学习。

二、"本原三学"在高中数学新课教学中的优势

首先，"本原三学"教学模式强调将学习的主动权交还给学生。为此，在教学活动中，教师需要营造一个积极向上、勤奋好学的班级氛围，并促进形成多个乐于互助学习的团队。这些团队应能够认真完成前置研学任务，并清晰地总结自己学到了哪些内容以及还存在哪些疑问。课堂以学生展示前置研学成果、学生互评、小组讨论以及全班讨论为主，能够充分调动学生的积极性，鼓励他们提出问题并寻求解答，从而确保每位学生都能在课堂上积极表达自己的观点并得到相应的帮助。

其次，"本原三学"充分发挥了学生的主体作用，改变了传统教学中教师一讲到底的教学模式，改变了学生被动接受的状态，是适合现今社会发展与需求的学生主动学习的优质模式，是数学教学的重要载体，是数学教学可能得到进一步高质量提升的重要途径。

---

① 作者为广州市增城区增城中学党红亮、胡首双。

三、"本原三学"在高中数学新课教学中的实际应用

"三学课堂"包括"前置研学—团队互学—教师帮学"三大环节。

1. 前置研学。

前置研学可以被视为一种更为深入的预习方式，在引导学生深入研究和探讨特定方向上扮演着至关重要的角色。

教师需要从整体上理解整合教材中涉及的知识。以函数为例，学生在上高中之前学习了一次函数、一元二次函数、反比例函数，高中阶段在必修一要学习幂函数、指数函数、对数函数以及三角函数。这里我们发现，函数的学习顺序基本是按照自变量的次数对应函数的难易程度来定的，从最简单的一次函数到一元二次函数，反比例函数对应 x^{-1}，高中阶段将自变量的指数由以前的 1 次、2 次、-1 次，扩展到任意次，然后将自变量与指数互换位置就得到了指数函数，指数函数的自变量与函数值互换得到了对数函数，最后这些函数组合在一起形成了更加复杂的函数。虽然每一种函数在教材上引出的时候都是以实际问题出现的，是说为了解决某方面的问题切切实实需要研究相关的函数（指数、对数函数），但是从以上分析可以看出，从函数的整个学习过程来看，这是一个由浅入深、由易到难的过程。那么研究函数到底研究什么呢？高中之前通过研究函数的图象，研究函数值随着自变量的变化是如何变化的，进而得出函数的最大值、最小值等，高中阶段研究函数的定义域、值域、最值、单调性、奇偶性、周期性、对称性等。每种函数都要研究相应的这些性质，这样函数整块知识的网状结构就形成了。"本原三学"课堂教学中，教师会要求学生通过画思维导图来了解以及掌握函数知识的整体结构，这样学生在做前置研学时就会主动朝着相应的方向去研究，再加上前置学习案，学生能够更加清晰、明确方向。同时，前置研学中，学生可以通过自学解决一部分新课内容，了解归纳未解决的内容，带着问题上课，带着问题讨论，带着问题寻找答案，这样他们就能明确学习目的。与常规课堂教学模式相比，"本原三学"课堂在解决学生疑难问题等方面有着明显的优势。

2. 团队互学。

团队互学是学生解决问题、提升能力的主要途径。

学生在课室内学习，同学时时刻刻伴随左右，向同学发问是学生发现问题后解决问题的最方便、最有用的方式。学生学习的知识越多可能出现的遗忘点

也就会越多,不同的学生出现的遗忘点不尽相同。比如,有的同学可能会忘记或者记错一元二次函数顶点坐标公式,有的学生会忘记指数型函数求值域时要注意 a^x 一定要大于零,有的同学在解对数不等式时忘记真数一定要大于零,有的学生会记错公式,$\cos(\alpha+\beta) = \cos\alpha\cos\beta - \sin\alpha\sin\beta$,而不是 $\cos(\alpha+\beta) = \cos\alpha\cos\beta + \sin\alpha\sin\beta$,等等,这样学生之间就有了相互发现问题、解决问题的地方,通过团队互学弄清一些自身已经忘记、记错或者掌握得不够准确的基础知识内容。而对于更难或是更深层次的问题,若团队互学解决不了或有疑惑,就可以放在课堂上由全班同学来解决或是由教师来解答。团队互学大大增加了学生自主思考问题、解决问题的机会,这使得课堂教学不再是传统模式下的学生对知识的接受、应用及熟练掌握,而是学生自主发现问题、解决问题。这对学生数学思维能力的提升尤为重要,有助于他们适应现今社会发展。

3. 教师帮学。

教师帮学是学生解决问题的重要途径。

教师才是学生的引路人,学生互学解决不了的问题可以全班讨论,但是全班讨论解决不了的问题就必须由教师来解答。"三学课堂"将主动权由教师交还给了学生,让学生成为"小老师",通过展示学生自己的研学成果,以及提问和解答问题的方式,达到全班互助学习的目的,教师引导学生讨论问题的方向以及对课堂上讨论得不够准确或是存在欠缺的一系列问题进行分析或是解答。教师在课前制作的前置学习案对学生学习方向的引导、"三学课堂"氛围的调控以及引导与配合学生讨论、互助学习成果准确与正误的评断上起着非常重要的作用。

四、"本原三学"在学生数学学习上的作用

"本原三学"强调知识或是问题从何而来或是由学过的什么内容变化而来,即为"根";获得的这块知识或者这个问题的解答即为"茎";由这块知识能够解决什么问题或者这个问题的解答能够引申出其他什么样的问题以及该怎么解答,即为"叶"。例如教材中研究了函数图象的平移、对称以及伸缩变换,为什么图象要这么平移或是这么变换,其实图象本就是由点组成的,任何图象的变化都必须遵循点的变化规律,所以图象变换的"根"是点的变换,搞清楚了点的平移等问题,那么三角函数图象的变换问题就迎刃而解了。而其他函数是否也有着与三角函数图象同样的变换规律呢?所有函数的图象都是由点组成的，点拥有的变化规律，当然任何函数都会拥有，所以三角函数图象的变换规律可以推广到任意函数，任意函数都具有相同的变换规律，即为"叶"；由此发现很多知识与知识之间互为"根"与"叶"，就很容易理顺知识与知识之间的关系，对知识掌握得更加准确，知识应用起来会更加得心应手。传统教学中学生被动接受知识，知识与知识之间不连贯，所有的知识就好似随意地丢在一起，解决问题时才在里面找东找西，而在"本原三学"教学模式下，学生主动学习、主动寻找知识与知识之间的联系，这样就相当于将知识一个个摆放整齐，在解决问题时就能够很容易地找到相关的知识，对学生学好数学有着非常重要的作用。

五、"本原三学"教学模式实践中存在的问题

经过一段时间"本原三学"教学模式的实践，体会到在理论上"本原三学"教学模式比传统教学模式的优势更明显，但也遇到了一些实际存在的问题，例如，对学生整体积极性的要求很高。"本原三学"需要学生组成团队互助学习，需要学生主动发现问题、主动去解决问题，这就需要打造一个气氛非常活跃，团队意识很强的班集体，然后在学生的积极性与"本原三学"教学模式的相互作用下将教学效果推向顶峰，但是大多数学生在初中时接受的是传统教学，已经习惯了接受知识，进入高中后他们是否能够提高学习积极性与转变学习方式？这个是不一定的，通过考试能够看出同样在一起学习，学生的成绩有着极大的差距，相同的道理，通过思想教育提高学生学习的主动性，结果也会有着明显的差异，不主动学习会让"本原三学"教学模式没有太大的发挥余地。又如，"本原三学"教学模式需要学生先自主学习，也就是更加深入地预习，但并没有减少学生课后作业量等。"本原三学"教学模式比传统教学模式对学生学习时间的要求更多，一个学科多十分钟，六个学科就会多一小时，学生在以前认真学习的状态下是否能够挤出一小时来完成各科更加深入的预习？所以，"本原三学"教学模式，可能先从某几个比较重要的学科上实施，或者在所有学科中某些需要学生掌握得更好的知识上实施会比较好！

六、小结

传统教学模式存在着不少弊端，针对这些弊端进行研究产生了不少教学模式，新出现的教学模式会在一定范围内实践与推广，虽然新出现的教学模式有优于传统教学模式的地方，但也因为改变而带来了传统教学所不具有的弊端，

没有最优秀的教学模式，只有最适合班级实际情况的教学模式。从理论上分析，"本原三学"教学模式优于传统教学模式，值得推广。在实际教学运用中应该以"本原三学"教学模式为主，以其他教学模式为辅，根据班级现状尽可能地发挥"本原三学"教学模式的优势，以其他教学模式弥补"本原三学"教学模式的缺陷。

参考文献

[1] 胡首双. 教育回归本原[M]. 广州：广州出版社，2021.

前置研究设计形式的研究[①]

前置性学习，又称前置性小研究或前置性作业，是生本教育理念的一个重要表现形式。它指的是教师在向学生讲授新课内容之前，让学生先根据自己的知识水平和生活经验所进行的尝试性学习。前置性学习是一种比较新颖的教学方式，对课堂教学的高效开展有重要的推动作用。

一、前置研究形式的定位

前置性学习是一个多元化的学习过程，其核心在于培养学生良好的学习习惯。它让学生自主进行，不仅为课堂学习打下了基础，还赋予了学生课堂学习的主动权。通过前置性学习，学生自我建构知识，从而获得愉悦和成功的体验，这进一步激发了他们的自学兴趣并提升了自学能力。更重要的是，前置性学习不仅仅是一种时间上的安排，更体现了以学习为根本的教育理念。

当前，如何提高课堂效率，是每位教师需要解决的难题。而要提高课堂效率，抓好预习是至关重要的，它可以培养学生的自学能力、创新精神，锻炼学生的意志品质，它可以使每位教师更加了解学生的知识水平和学习要求，了解学生的个别差异，便于因材施教。古人云："授人以鱼，不如授人以渔。"这说明了方法和策略的重要性。

二、怎样设计和布置前置研究形式

首先，教师要思考三个问题：怎样设计前置研究形式？布置的这些前置性作业对下一个新知识点的学习是否有用？如何帮助学生利用好前置性作业的实施以更好地进行自主学习？

前置研究形式的设置必须清楚，在学生研究的过程中可能会出现研究不充分的情况，那么就可以利用小组合作学习进行前置研究，然后学生在课堂上展示，在学生展示的过程中教师可以进行点评、追问、质疑、答疑、纠偏或者激励提升，也可以鼓励引导其他学生进行质疑、辩论等，在这个过程中，教师可以进行评判、讲解。最后可以由教师或者学生来进行课堂总结。

另外，学生在课堂上无法展示、讲不了这个问题，主要有两大原因：一是前置问题太难；二是学生没有准备。作为教师，我们要改变自己的观念，要通

[①] 作者为广州市增城区仙村中学刘朝歌、胡首双。

过检查前置性作业这种方式来保证学生课前有准备，只有这样，学生才能勇于在课堂上进行展示。

三、前置研究形式的设计细节

教师要注意四个细节：(1)任务要细化；(2)要求要明确；(3)给学生较充足的时间；(4)收缴、评价要及时。这就是以学定教，为教学找准基点。

在具体的课堂实践中我们只重视教师的教而忽略了学生的学，往往会出现把教学目标设置得过高或者过低，把握不准教学基点，对学生兼顾不全的现象。究其原因，是大多数教师在备课时都注意了研究文本，努力设计出完美的教学思路，但忽略了研究学生，对学生现有的水平把握得不准确。

前置性学习是教师在进行一节课教学之前设计的一个环节，教师通过前置性学习反馈的情况，摸清孩子们对知识内容的掌握程度，有效设置教学内容，找准教学重难点，提高课堂效率。同时，学生通过前置性学习，对新知识有了初步感受和浅层理解，从而更有目的性地进行课堂学习，提高课堂教学的有效性。在评价方式上要本着过程性评价和终结性评价相结合，评价主体多元化，评价方式多样化的原则，采用教师评价、家长评价、小组内成员互评等多种方式，对学生的学习表现进行等级性的评价。杜绝用分数去评价学生，避免给学生定性评价。

如果一节课下来知识内容范围大的话，可以适当地根据学生的具体情况来进行增减。如果是毕业班，则可以根据每个小组的情况适当增加题目来提高梯度。这就是胡校长首创的生本教育之"胡首双模式"。胡校长详细地讲解了复习课中每一个环节的问题与研究是怎么安排和操作的，使教师们对前置研究有了更深刻的理解。

四、前置研究的要点

教师要紧扣四个要点：(1)紧贴话题或学习课文的内容；(2)形式、方式多样化；(3)可操作性强；(4)要求要明确详尽。前置性作业的布置一定要具有可操作性，教师应该对学生进行学习方法的指导，引导学生通过读、划、查、思等方式顺利完成前置性学习。

同时，前置性学习不仅是教会学生学习，更要通过自主学习和交流展示，构建学习组织，让学生在小组学习、与家长共同探究等过程中培养合作能力，构建多样的学习共同体。此外，前置性学习的内容要具有趣味性和多样性，充分吸引学生，激发学生的学习兴趣和探究欲。

五、前置性研究形式有效性的研究

什么样的前置性作业是有效的？一是能够为课堂学习打下一定的基础，培养学生自主学习能力和良好的学习习惯；二是能够让学生初步了解学习内容，便于从整体上把握新知识，使课堂教学起到事半功倍的效果；三是能够让学生学习更多的课外知识，拓宽视野，增长知识；四是能够给予学生更多自主学习的空间，课外的充分研究可以让课堂内容更丰富，课内的学习更加深入，课内的交流更加宽泛；五是能够把课堂交还给学生，让学生更有成就感，更加乐学。

有效的前置性作业有哪些特点？内容构筑层面要"少而精"；学生心理层面要"接受并喜欢"；教师设计层面要"开放并具价值"；学科层面要"体现学科特点"。

前置性作业绝对不是简单问题、相应习题的堆砌。把握好教材，掌握重点、难点和关键点，是设计好前置性作业的保证。无效的前置性作业，时间长了，会让学生学习流于形式，甚至引起学生和家长的忽视。

前置性作业的设置应根据每节课的教学内容和本班学生的情况而定，不应有固定的格式，不应该局限学生的思维。前置性作业可以在书本上完成，也可以写在练习本上。每次的前置性作业的设计能围绕教学目标即可。

总之，前置性学习是一堂课的开端，激发了学生的学习兴趣，让学生对课堂有所准备，不仅提高了学习质效，更为学生的终身学习与发展奠定了坚实的基础；同时，也为教师的教学找准了基点，成为连接学生学和教师教的有效纽带，充分凸显了学生的主体地位和教师的主导地位，让"三学课堂"更高效。

第二节 "三学课堂"的学科应用实践

一、语文学科

小处切入 叙议结合——学写文学短评①

任务1：写短评要善于聚焦，从小处切入，忌面面俱到。

1. 阅读统编版语文教材必修上册第69～70页《学写文学短评》，了解文学短评写作的基本要求。

(1) 写文学短评，必须_____。要认真读作品，_____。

(2) 写文学短评要善于_____。写短评时要能够_____。

(3) 写文学短评主要运用_____。"叙"要_____，为"议"提供_____；"议"要紧密结合"叙"，_____。

扫一扫，观看《小处切入 叙议结合——学写文学短评》教学视频

2. 对比阅读《追忆一颗漂泊的心——读〈登高〉有感》和《字中显真情，悲从字中来——〈登高〉颈联中炼字技法对表现人物情感的作用》两个片段，概括读后感和文学短评的不同点。

结论：《追忆一颗漂泊的心——读〈登高〉有感》是读后感。特点是_____。

《字中显真情，悲从字中来——〈登高〉颈联中炼字技法对表现人物情感的作用》是文学短评。特点是_____。

任务2：阅读并思考以下三则文学短评语段分别存在哪些问题？

(1) 每次读陶渊明的诗，都如同进行一次心灵的洗礼，顿时感到轻松了许多，清新了许多。读他的诗不累、不乏。他写的就是最平常不过的乡村、农田、宅院，不华美也不绚丽，但正是诗人这不事雕琢的平淡与朴素，才让我们

---

① 作者为广州市增城区增城中学林海燕、胡首双。

倍感他的坦率与真诚。让我们在与诗人促膝面谈之中体会他大智若愚的生存智慧。

（2）幽幽山林里，十余亩田地，八九间草屋，陶渊明的欢歌在悠扬，《归园田居》可能是陶渊明躬耕陇亩欢歌中最典型的一首。一百来字带我们游了一遍丘山，赏了一片桃李，尝了一次樊笼里的痛苦，享受了一次鱼回故渊、鸟归旧林的自由，远处的村舍依稀可见，村落里飘荡着袅袅炊烟，深巷中传来了几声狗吠，桑树顶有雄鸡不停啼唤。一百来字，字字精妙。

（3）赤壁乃蕞尔之地，为什么在古代名气那么大？以至于惜墨如金的《水经》记它，地理经典《水经注》写它，杜牧、苏东坡等文豪赞美它。细究起来，还是"山侧临江川"的特殊地理位置和地理环境的缘故。占尽"地利"是它得以扬名天下、长盛不衰的奥秘，也是它的魅力所在。

结论：
第一则文学短评的问题：＿＿＿＿＿＿＿＿＿＿＿＿＿＿＿＿＿＿＿＿。
第二则文学短评的问题：＿＿＿＿＿＿＿＿＿＿＿＿＿＿＿＿＿＿＿＿。
第三则文学短评的问题：＿＿＿＿＿＿＿＿＿＿＿＿＿＿＿＿＿＿＿＿。

任务3：叙议结合，写文学短评叙议分析要深刻。

写文学短评主要运用叙议结合的方式，要在适当复述、介绍或者引用作品内容的基础上，展开分析和议论。"叙"要精当，为"议"提供支撑或依据；"议"要紧密结合"叙"，思路清晰，态度鲜明，最好有自己独到的见解。叙议有机融合，才能将见解表达清楚，有理有据，令人信服。（教材第70页）

阅读《梦游天姥吟留别》短评的示例一、示例二、示例三的文段，以小组为单位讨论。

思考：示例一和示例二中哪一篇是点评？点评有何特点？

1. 运用叙议结合的方式，对示例三第②自然段进行修改并展示成果。

2. 运用叙议结合的方式，对示例三第③自然段进行修改并展示成果。

3. 运用叙议结合的方式，对示例三第④自然段进行修改并展示成果。

课后作业：
"单元学习任务"第三题：从五首诗词中选择一首，就你感触最深的一点，写一则 300 字左右的文学短评。

二、数学学科

扫一扫，观看《平面向量数量积的应用（一）》教学视频

平面向量数量积的应用（一）①

【三基梳理】

【典型例题】	【典型例题】
1. 非零向量 a，b，c 满足 $a \cdot b = a \cdot c$，a 与 b 的夹角为 $\dfrac{\pi}{6}$，$\lvert b \rvert = 4$，则 c 在 a 上的投影向量的模为（　　） 　　A. -2　　B. $2\sqrt{3}$　　C. -3　　D. 4	2. 如图 5-1 所示，在矩形 $ABCD$ 中，$AB = 2$，$AD = 1$，E 为边 DC 的中点，F 为 BE 的中点，则 $\overrightarrow{AF} \cdot \overrightarrow{AE} = ($　　$)$ 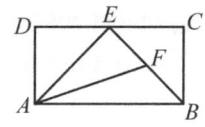 图 5-1 　　A. 3　　B. 2　　C. $\dfrac{3}{2}$　　D. $\dfrac{1}{2}$
【好题分享】	【好题分享】

---

① 作者为广州市增城区增城中学肖辉、胡首双。

【学前小结】

【学后小结】

三、英语学科

Book 1 Unit 3　Sports and Fitness①

扫一扫，观看《Sports and Fitness》教学视频

Learning objectives：

1. To understand the function of the restrictive relative clause and master its form.

2. To recognize the restrictive relative clauses and use the relative pronouns (that, which, who, whom, whose) properly.

3. To apply the restrictive relative clauses to describe a sports event or an athlete.

Task 1. Appreciate the following short passage. Try your best to find out as many attributives(定语) as you can in it and mark them with "(　　)".

The Asian Games is a multi-sport event held every four years among athletes from all over Asia. The 19th Asian Games was held in Hangzhou in 2023, which is famous for its beautiful scenery, long history, rich cultures and delicious food. Hangzhou is the third city in China to host the games. The Hangzhou Asiad(亚运会) also produced world-leading performances, amazing people at home and abroad. The role that China plays in international sports is not only reflected in its consistent(连续的) successes in major competitions, but also its organization of the Games, including

---

① 作者为广州市增城区增城中学黄智鹰、胡首双。

the 2008 Olympics and 2022 Winter Olympics, aside from three Asian Games spanning(跨越、持续) 33 years. From Beijing to Guangzhou to Hangzhou, Asiad witnesses China's changing sporting landscape.

Task 2. Summarize the function and position of the attributives, and what can be used as the attributive. (图 5-2)

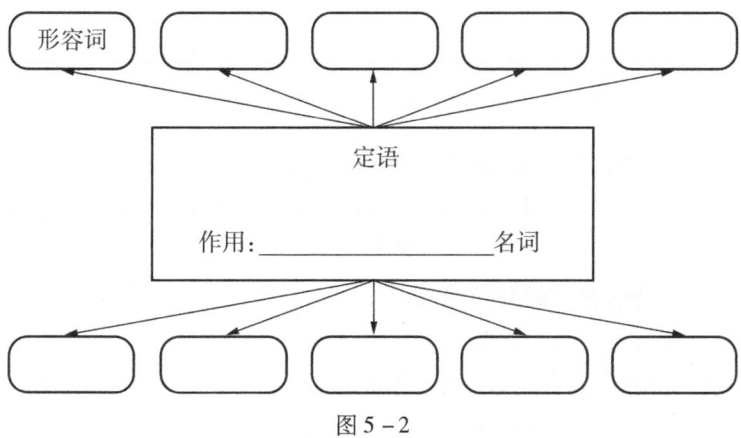

图 5-2

Task 3. Write down the sentences with the restrictive relative clauses in the reading text on P38, and mark the restrictive relative clauses with "(   )".

_____
_____
_____
_____
_____
_____
_____

归纳：在复合句中，修饰_____或_____的从句叫作定语从句。定语从句一般放在它所修饰的名词或代词的_____。定语从句由_____引导，可充当从句中的主语、_____。被定语从句所修饰的词叫作_____。

关系代词	指代对象	关系代词在从句中充当的成分
	人或物	主语、宾语、表语
	物	主语、宾语、表语
	人	主语、宾语
		宾语
	人或物	定语

注意：

只用 that 不用 which 的情况：不、the、最、二、序。

当先行词是不定代词 something、all 等时，或被 all、little 等修饰时。

当先行词被 the only、the very 等修饰时。

当先行词被形容词最高级修饰时。

当先行词包括人和事物时。

当先行词是序数词或被序数词修饰时。

e. g.　Tom told her mother <u>all</u> that had happened.

This is <u>the very book</u> that I am looking for.

Our teacher told us <u>many interesting things and people</u> that he met during traveling.

另外，介词后的关系代词指物的话只能用 which，指人的话只能用 whom。

e. g.　This is the book <u>on which</u> I spent 8 yuan.

The man <u>with whom</u> you talked just now is our manager.

Task 4. Connect the following sentences using the restrictive relative clause.

e. g.　Hangzhou is a beautiful <u>city</u>. <u>The city</u> is located on the southeast coast of China.

➡ Hangzhou is a beautiful <u>city</u> <u>that/which</u> is located on the southeast coast of China.

1. Hangzhou hosted the Asian Games.

The Asian Games saw over 12,000 athletes from all over Asia taking part.

➡ _____

_____

2. Over ten thousand Asian athletes took part in the Hangzhou Asian Games.

They had trained hard for the best result in the competitions.

➤ _____

_____

3. The Hangzhou Asian Games is a fair sports feast(盛宴).

The aim of the sports feast is "Good sportsmanship is more important than winning!".

➤ _____

_____

Task 5. Complete the following sentences with proper relative pronouns (that, which, who, whom, whose).

1. The mascots(吉祥物) of the Hangzhou Asian Games, named Memories of Jiangnan, are a group of robots _____ show the host city's profound(深厚的) history and culture. They can be the best gifts _____ remind visitors of Hangzhou.

2. The stadium _____ shape is like a blooming lotus flower(盛开的莲花) is the Hangzhou Olympic Sports Center Stadium.

3. A large number of volunteers _____ can speak minority languages(小语种) are wanted for the Hangzhou Asian Games.

4. The athlete with _____ Zou Jiaqi worked together in the lightweight women's double sculls final(赛艇女子轻量级双人双桨决赛) and won the first gold medal of the Hangzhou Asian Games is from Guangdong.

Task 6. Make a dialogue and use the restrictive relative clauses to describe your favorite sports event and the athlete you admire most.

e. g.

Wu Gang: The Hangzhou Asian Games is really amazing, isn't it?

Li Ming: Yes. It is wonderful.

Wu Gang: And the Chinese athletes have made great efforts to win honors for our country. I am really proud of them.

Li Ming: So am I. Who is the athlete you admire most?

Wu Gang: Quan Hongchan. She is an athlete who has a talent for diving and trains very hard. What is your favorite sports event?

Li Ming: E-sports. It is an event that first started in the Hangzhou Asian Games.

Wu Gang: I love it too. We can play it together.
Li Ming: Good idea.
Your dialogue：

➢ Self—assessment(自我评估)　　（能做到的打√，未能做到的打×）

内容	自评
1. 我能认真完成前置研究	
2. 我能积极思考、合作、参与课堂活动	
3. 我能理解定语和定语从句的作用	
4. 我能掌握限制性定语从句的结构，并能正确运用关系代词 that, which, who, whom, whose	
5. 我能正确运用限制性定语从句描述一项运动或一位运动员	

四、化学学科

"暖宝宝解密"

——高三一轮复习铁及其化合物①

扫一扫，观看《"暖宝宝解密"——高三一轮复习铁及其化合物》教学视频

【研学目标】

1. 掌握铁及其化合物的相互转化。
2. 通过"暖宝宝"成分以及原理探究情境，串联铁及其化合物的性质，并对标高考渗透解决问题的方法。
3. 利用新型物质高铁酸钾的制备方法总结提升。

【课前研学】

---

① 作者原为广州市增城区增城中学周婷婷、胡首双。

情境：展示"暖宝宝"的成分，即铁粉、水、食盐、活性炭、蛭石、吸水树脂。

活动：以如下价—类二维图(图 5-3)为例，画出铁及其化合物的相互转化。

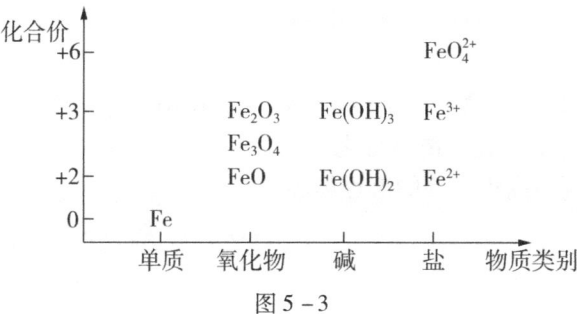

图 5-3

【课中研学】

任务1：铁粉是"暖宝宝"中最重要的一种成分，质量好的"暖宝宝"，铁粉的含量高达90%，你可以设计一个证明铁粉存在的方案吗？

任务2：请设计实验验证铁粉反应后生成的产物。

资料卡片：自发热"暖宝宝"发热是因为其含有的铁粉与空气中的氧气接触发生反应生成一种氧化物而放热。

任务3：根据以下手持实验推断"暖宝宝"的作用原理(图 5-4)。

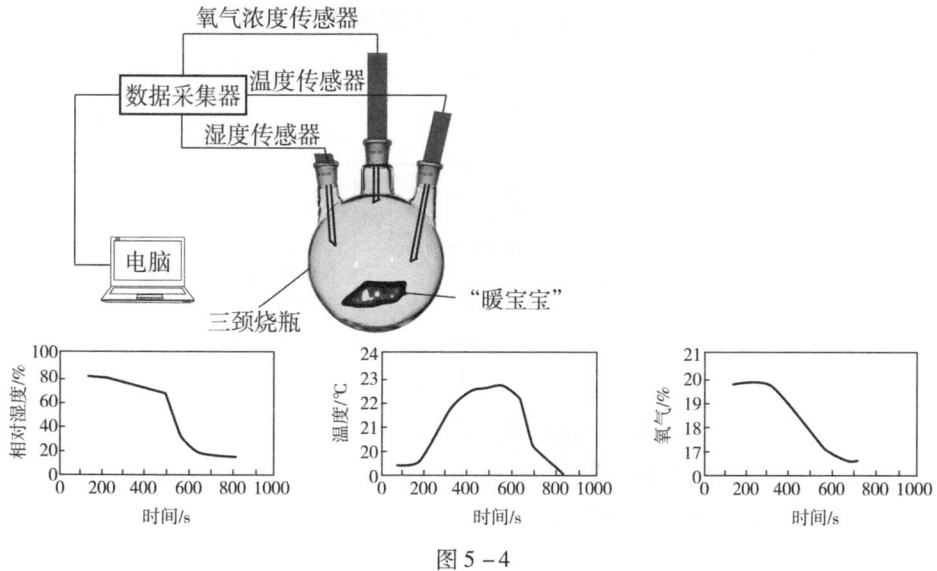

图 5-4

183

任务4：废弃的"暖宝宝"中还有丰富的铁，如何变废为宝呢？

资料卡片：高铁酸钾（K_2FeO_4）于1702年被发现，为紫色固体，微溶于KOH溶液，在酸性或中性溶液中快速反应产生O_2。方程式：$4FeO_4^{2-} + 10H_2O = 4Fe(OH)_3 + 8OH^- + 3O_2\uparrow$。高铁酸钾是一种高效多功能的新型、无毒的绿色消毒净水剂。

(1) 干法制备高铁酸钾：Fe_2O_3、KNO_3、KOH混合加热共熔生成紫红色高铁酸盐和KNO_2等产物，请书写化学反应方程式。

(2) 湿法制备高铁酸钾的流程如图5-5所示。

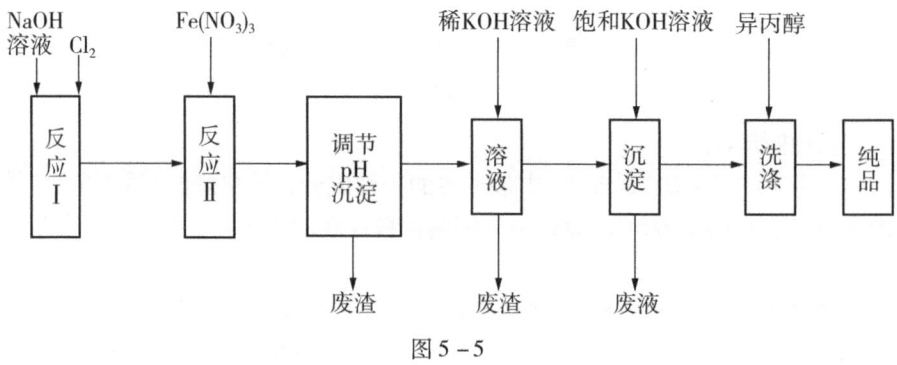

图5-5

① 反应Ⅱ的离子方程式为_____。

② 加入饱和KOH溶液的目的是_____。

(3) 除干法、湿法制备高铁酸盐外，我国学者还提出用镍（Ni）、铁作电极电解浓NaOH溶液制备高铁酸盐的方案，装置如图5-6所示。

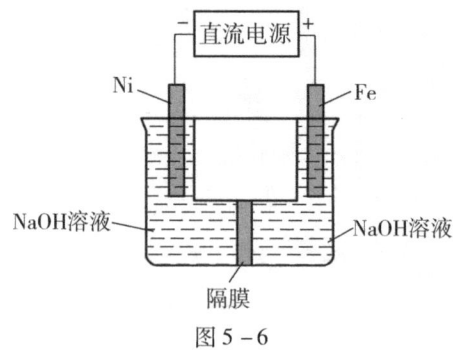

图5-6

① Ni电极作(　　)极。（填"阴"或"阳"）

② Fe电极的电极反应式：_____。

五、物理学科

功率及机车启动①

扫一扫，观看《功率及机车启动》教学视频

【根本问题】

【研究内容】

1. 完成练习册第 98 页例题 8，总结这道题的特点，尝试设置不同情境，分析相应物理量的变化。

2. 完成练习册第 98 页例题 9，总结这道题的特点，根据知识梳理尝试变式题编制并展示。

【拓展研究】

3. 总结机车启动问题的一般解题步骤，并分析每个步骤的注意要点和可能的考法。

附题：

【例题 8】 （多选）汽车在平直公路上以速度 v_0 匀速行驶，发动机功率为 P，牵引力为 F_0，t_1 时刻，司机减小了油门，使汽车的功率立即减小一半，并保持该功率继续行驶，到 t_2 时刻，汽车又恢复了匀速直线运动(设整个过程中汽车所受的阻力不变)。在下列选项中，能正确反映汽车速度 v、牵引力 F 随时间 t 变化的规律的是(　　)

---

① 作者为广州市增城区增城中学李万柏、胡首双。

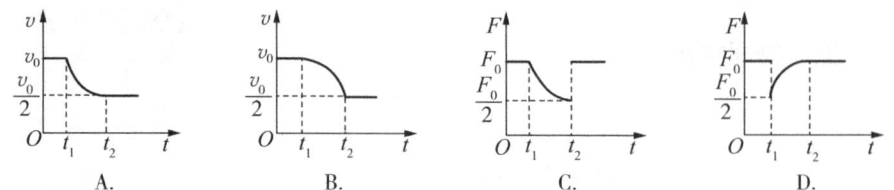

A.　　　　　B.　　　　　C.　　　　　D.

【例题9】 （2023·广东茂名市模拟）"和谐号"是由提供动力的车厢（动车），不提供动力的车厢（拖车）编制而成。某"和谐号"由8节车厢组成，其中第1节、第5节为动车，每节车厢所受的阻力f大小为自身重力的0.01倍。已知每节车厢的质量m均为2×10^4 kg，每节动车的额定功率P_0均为600 kW，重力加速度g取10 m/s²。求：

（1）若"和谐号"以$a=0.5$ m/s²的加速度从静止开始行驶，"和谐号"做匀加速运动时第5节、第6节车厢之间的作用力大小以及匀加速运动的时间。

（2）"和谐号"能达到的最大速度。

改进意见：

1. 课堂节奏适当调控。

2. 学生小组互学环节组织形式有待优化。

六、地理学科

河流的水文特征[①]

【知识回顾】

任务1：复习课本内容，用思维导图归纳河流的水文特征及影响因素。

【真题演练】

（2016 上海单科）阅读图文材料，回答下列问题。

材料一　渭河是黄河的最大支流，它滋润了八百里秦川（图5-7）。

材料二　横贯关中平原的渭河全长787千米。关中平原是中国历史上农业最富庶地区之一，也是目前陕西省城市最多、人口密度最大、经济最发达的地带。

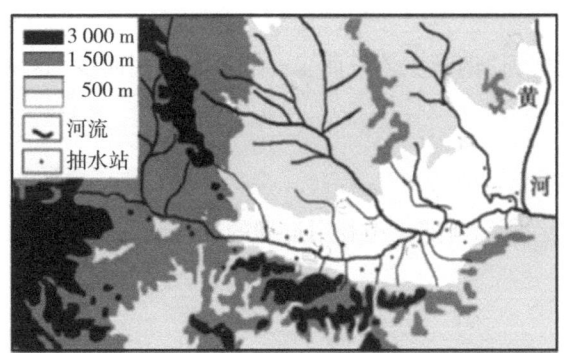

图5-7　渭河流域地理简图

[①] 作者为广州市增城区增城中学陈晓红、胡首双。

(1)概括渭河干流的主要水文特征。

(2)目前渭河河道淤积严重。根据南、北两侧支流的特征,判断泥沙来源并分析原因。

【案例分析】

无定河是黄河的一级支流之一,发源于定边县白于山北麓,向东北流经毛乌素沙漠南缘,后向东南流经黄土高原,沿途接纳众多支流,在清涧县注入黄河。图甲示意无定河流域及水系结构,图乙示意1976—2010年无定河流域土地利用类型的动态变化。请完成下列题目。

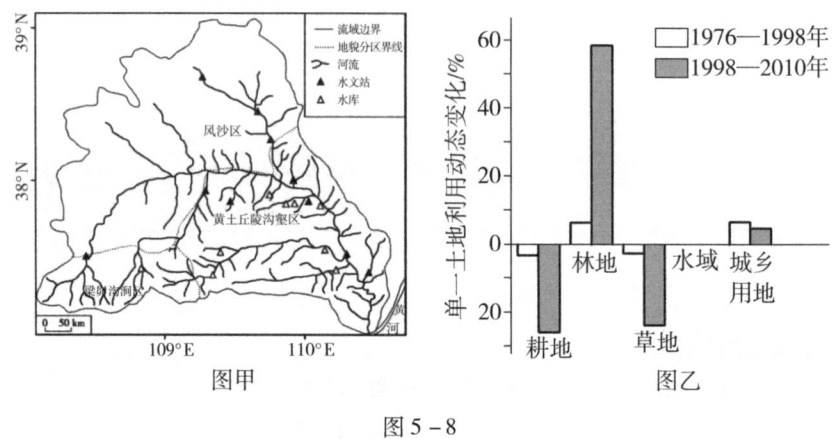

图5-8

(1)无定河因"流量不定、深浅不定"等而得名。从气候的角度,说明"无定河"名称的由来。

(2)试对无定河"南部支流长而多、北部支流短而少"这一现象作出合理的解释。

(3)简述图乙所示时期土地利用类型的变化,并说明对无定河水文特征的影响。

(4)分析无定河上述水文特征的变化对该地区农业生产的有利影响。

【课后研学】

1. 小组内交流所学所获。
2. 小组合作，分析增江河的水文特征及其影响因素。

七、历史学科

明至清中叶的经济与文化①

扫一扫，观看《明至清中叶的经济与文化》教学视频

【学习目标】

课程标准	学习重点
了解明清时期社会经济、思想文化的重要变化；通过了解明清时期封建专制的发展、世界的变化对中国的影响，认识中国社会面临的危机	（1）明清时期社会经济有哪些变化？又面临了怎样的危机？ （2）明清时期思想领域有哪些变化？有何危机？ （3）明清时期社会文化领域的变化有哪些？呈现出怎样的特点？为什么

【研学任务】

任务1：阅读教材第一子目内容，指出明清时期社会经济有哪些变化？又面临了怎样的危机？

【课堂训练】

据史料记载，明代浙江海盐县的沈荡镇，"列廛（街市商铺）五六百家，五谷、丝布、竹木、油坊、贸店，大贾往往云集"，桐乡市的濮院镇，明万历中丝绸业兴起，至乾隆年间，已是"万家烟火"的纱绸中心；炉头镇原为炉头村，

---

① 作者为广州市增城区增城中学刘红影、胡首双。

在乾隆年间成为"以冶铁为业""釜甑鼎鼐之制,大江南北皆仰赖矣"。这反映出明清时期(　　)

  A. 农产品商品化程度高　　　B. 商业的经营方式发生根本性转变
  C. 江南工商业市镇兴盛　　　D. 手工业的经济主导地位日趋凸显

【学法指导】

  问题:结合"必备知识"中明清社会经济发展的表格和课本第一目内容,归纳分析中国古代经济常用的角度,并结合所学知识指出推动明清时期经济领域新现象出现的原因。

  任务2:(1)阅读教材第二子目内容,指出明清时期思想领域有哪些变化?为什么会出现这些变化?

  (2)阅读下面的材料,并结合所学,指出明清时期思想领域有何危机?

  16至17世纪的中国,新的经济形态还十分微弱、脆嫩,明清时期的早期启蒙思想家们先天不足,具有一种时代性的缺陷。……黄宗羲、唐甄们提不出新的社会方案,而只能用扩大相权、限制君权、提倡学校议政等办法来修补封建专制制度。孟德斯鸠、卢梭们则拿出了"三权分立"、君主立宪制、民主共和制这样的资产阶级国家蓝图。这表明,中国明清时期的进步思想与18世纪欧洲启蒙思想属于两个不同的历史范畴。前者是中世纪末期的产物,后者是近代社会的宣言书。

  ——张岱年、方克立主编《中国文化概论》

  任务3:阅读教材第三子目内容,指出明清时期社会文化领域的变化有哪些?呈现出怎样的特点?为什么?

  (1)明清时期优秀的科技成果有哪些?有什么共同特征?

时期	人物	代表成果	历史地位/意义	特征
明朝	李时珍		古代医药学的总结性著作	
	徐光启		古代农学的总结性著作	
	宋应星		古代工艺学的总结性著作	
	徐弘祖		地理学和地质学名著	
	利玛窦（传教士）			
	\		中国古代最大的类书	
清朝	\			
	\		中国古代最大的丛书	

（2）明清时期丰富的文艺作品代表作有哪些？

	时间	作者	代表作品	历史地位/意义	特征	原因
小说	元末明初	施耐庵		我国最早的两部长篇白话小说，开创了章回体的写作体裁		
		罗贯中				
	明中期	吴承恩		神话小说的杰作		
		吴敬梓		讽刺小说的杰作		
		曹雪芹		我国古典现实主义文学的高峰，也是享誉世界的名著		
戏曲	明	汤显祖		创作趋向长篇化，情节更加曲折复杂		
	明					
	清	孔尚任				
	清朝道光			逐渐成为全国最流行的剧种		

任务4：画出本课思维导图。

八、生物学科

细胞核的结构和功能[①]

扫一扫,观看《细胞核的结构和功能》教学视频

【课标要求】

学习目标	核心素养
1. 阐明细胞核的结构和功能(重点)。 2. 尝试制作真核细胞的三维结构模型(难点)。 3. 认同细胞核是细胞生命系统的控制中心	1. 结构与功能观:细胞核的结构与其功能相适应。(生命观念) 2. 通过分析细胞核功能的实验,形成"细胞核控制代谢和遗传"的重要概念。(科学思维) 3. 模型与建模:通过制作真核细胞的三维结构模型,掌握模型制作的方法。(科学探究) 4. 通过讲解中国科学家成功攻克克隆猴的培育的案例,激发学生的民族自豪感和爱国主义情感(社会责任)

【前置研学内容】

任务1:阅读课本第54页第1段话,结合已学知识说出细胞核在不同类型细胞中的分布情况。

任务2:分析教材第54~55页的资料,思考教材第55页第1~4题,尝试写出各实验的结论并归纳出细胞核的功能。

[①] 作者为广州市增城区增城中学余燕频、胡首双。

资料	实验内容	结论分析
资料1	美西螈核移植实验	
资料2	蝾螈受精卵横缢实验	
资料3	变形虫切割与核移植实验	
资料4	伞藻嫁接与核移植实验	

细胞核的功能：_____。

任务3：阅读教材第56页，完成以下内容。
1. 尝试画出细胞核的平面结构示意图，注明各部分名称和对应的功能。

2. 尝试用表格归纳染色质与染色体在成分、性质、功能、出现时间、形态和关系方面的异同点。

3. 细胞核、染色质、DNA、遗传信息之间的关系是什么？请填入下图。

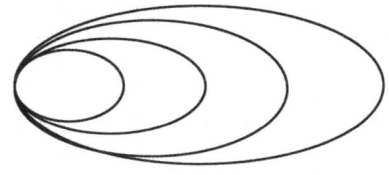

4. 细胞核的结构如何决定其控制遗传和代谢功能？